2025/2026

Erzieher

Prüfungs-wissen

Schnell & Einfach

Sicher durch die Abschluss-prüfung zur staatlich anerkannten Erzieherin

GABRIELE LINDNER

Inhaltsverzeichnis

Einleitung 5

Richtig Oder Falsch? 7

Grundlagen der Pädagogik 7

Wahrnehmen, Beobachten, Dokumentieren 14

Erziehung, Bildung, Bildungskonzepte 18

Sozialisation, Identität, Gesellschaft.................24

Lebenswelt, Diversität, Erkrankungen 26

Entwicklung..36

Lernprozesse...44

Bildungsbereiche 50

Pädagogische Einrichtungen 80

Beziehungen und Kommunikation.............85

Gruppenarbeit..93

Antwortschlüssel 101

Einleitung

Herzlich willkommen zu deinem Begleiter für die Prüfungsvorbereitung als Erzieher/Erzieherin! Dieses Buch soll dir helfen, dein Fachwissen zu vertiefen und zu festigen.

Aufbau des Buches

Im Buch findest du 1500 Aussagen, die entweder richtig oder falsch sind. Die Aussagen beziehen sich direkt auf Schlüsselbegriffe und Fakten, die in der pädagogischen Arbeit und in Prüfungen relevant sind. Die einfache Struktur erleichtert es dir, schnell verschiedene Aspekte des Prüfungswissens abzudecken. Da die Aussagen entweder mit „Richtig" oder „Falsch" beantwortet werden, erhältst du sofort Rückmeldung darüber, ob du den Stoff verstanden bzw. noch Unsicherheiten hast. Am Ende des Buches findest du den Antwortschlüssel.

Abdeckung der wichtigsten Prüfungsthemen

Das Buch behandelt die zentralen Themen, die in der Erzieherprüfung von Bedeutung sind, wie Entwicklungspsychologie, Pädagogik, Didaktik und Methodik, Sozialpädagogik, rechtliche Grundlagen der Kinder- und Jugendhilfe, Gesundheitserziehung, Beobachtung und Dokumentation sowie spezifische pädagogische Konzepte und Ansätze.

Es ist wichtig zu betonen, dass die Aussagen in diesem Buch zwar die Kernthemen abdecken, aber nicht identisch mit den Fragen in der eigentlichen Prüfung sind. Das Buch dient als Instrument zur Selbstkontrolle, das dir hilft, Bereiche zu identifizieren, in denen du noch Vertiefungsbedarf hast.

Optimale Nutzung des Buches

Es wird empfohlen, die Aussagen auf einem separaten Blatt Papier oder in einem Notizbuch zu beantworten. So kannst du das Buch später erneut nutzen und einzelne Aussagen wiederholen, ohne durch bereits markierte Antworten abgelenkt zu werden.

Wenn du eine Aussage falsch beantwortest, nimm dir die Zeit, das entsprechende Thema zu wiederholen. Gehe zurück zu den Grundlagen und lies ergänzendes Material, um dein Verständnis zu vertiefen. Beachte, dass in diesem Buch keine Erklärungen angegeben sind. Dies soll dich ermutigen, selbst zu recherchieren, warum eine Aussage richtig bzw. falsch ist.

Ein Schlüsselfaktor bei der Prüfungsvorbereitung ist die regelmäßige Wiederholung des Lernstoffs. Dieses Buch bietet dir die perfekte Gelegenheit, kontinuierlich zu üben und dein Wissen regelmäßig zu überprüfen.

Mit diesem Buch hast du ein wertvolles Werkzeug auf deinem Weg zur erfolgreichen Prüfungsvorbereitung in der Hand. Nutze es regelmäßig, beantworte die Aussagen auf separatem Papier und lass dich von falschen Antworten nicht entmutigen. Jede falsch beantwortete Aussage ist eine Chance, zu lernen und dich zu verbessern.

Viel Erfolg bei deiner Prüfungsvorbereitung!

Richtig Oder Falsch?

Grundlagen der Pädagogik

In diesem Kapitel testest du dein Wissen über die Grundlagen der pädagogischen Arbeit. Die Aussagen behandeln den Erwerb beruflicher Handlungskompetenz, verschiedene pädagogische Handlungsfelder wie Kindertageseinrichtungen und Jugendhilfe, sowie Querschnittsaufgaben im Erzieherberuf. Außerdem werden deine Kenntnisse zu professioneller Haltung, Selbstreflexion und den rechtlichen Grundlagen wie UN-Kinderrechtskonvention und SGB VIII geprüft.

Richtig oder falsch?

1) Berufliche Handlungskompetenz bezeichnet die Fähigkeit der pädagogischen Fachkraft, in komplexen und unbestimmten Situationen ziel- und selbstbewusst zu interagieren.

2) Berufliche Handlungskompetenz setzt sich aus drei Kompetenzbereichen zusammen.

3) Fachkompetenz umfasst berufsspezifische Kenntnisse wie Entwicklungspsychologie und Pädagogik.

4) Methodenkompetenz bezieht sich ausschließlich auf pädagogische Methoden im Umgang mit Kindern.

5) Selbstkompetenz beinhaltet die Fähigkeit zur Selbstreflexion und Weiterentwicklung.

6) Sozialkompetenz umfasst die Fähigkeit kooperativer Zusammenarbeit und Kommunikationsfähigkeit.

7) Die vier Kompetenzbereiche wirken unabhängig voneinander.

8) Lebenslanges Lernen gewinnt aufgrund des gesellschaftlichen Wandels an Bedeutung.

9) Professionelle Beziehungsgestaltung erfordert ein hohes Maß an Selbst- und Sozialkompetenz.

10) Entwicklungs- und Bildungsbegleitung erfordert Expertenwissen über alle Altersgruppen von den ersten Lebensmonaten bis zum jungen Erwachsenenalter.

11) Interkulturelle Kompetenz ist nur in multikulturellen Einrichtungen erforderlich.

12) Interkulturelle Kompetenz nach Alexander Thomas beinhaltet fünf Aspekte: Wahrnehmung, Lernen, Wertschätzung, Verstehen und Sensibilität.

13) Multiprofessionelle Team- und Netzwerkarbeit erfordert hauptsächlich Fachkompetenz.

14) Die Weiterentwicklung des Konzepts einer Einrichtung erfordert ein hohes Maß an Selbst- und Fachkompetenz.

15) Die Kinder- und Jugendhilfe soll zur Verwirklichung des Rechts eines jungen Menschen auf Förderung seiner Entwicklung beitragen.

16) Der gemeinsame Handlungsauftrag umfasst nur die Förderung der individuellen Entwicklung junger Menschen.

17) Das Wunsch- und Wahlrecht besagt, dass Leistungsberechtigte zwischen Einrichtungen verschiedener Träger wählen können.

18) Kinder und Jugendliche müssen nur bei wichtigen Entscheidungen beteiligt werden.

19) Bei Gefährdung eines Kindes ist es die Pflicht des Jugendamtes einzugreifen.

20) Familienunterstützende Einrichtungen entlasten und helfen bei der Erziehung in der Familie.

21) Familienersetzende Einrichtungen werden stellvertretend zur Familie mit der Erziehung beauftragt.

22) Kindertageseinrichtungen gehören zum Bildungssystem wie Schulen.

23) In Kinderkrippen werden 0- bis 3-Jährige betreut.

24) Es gibt einen gesetzlichen Betreuungsanspruch nach dem vollendeten 2. Lebensjahr.

25) Das Berliner Eingewöhnungsmodell wird in Kinderkrippen angewendet.

26) Kindergärten betreuen Kinder von 3 Jahren bis zum Schuleintritt.

27) Bei Aufnahme von Kindern mit Integrationsstatus erhöht sich der Betreuungsschlüssel.

28) Kindertagespflege ist eine familienähnliche Betreuungsform mit bis zu 10 Kindern.

29) Hort richtet sich an Kinder im Schulalter.

30) Kinder- und Familienzentren verknüpfen Angebote der Kindertageseinrichtung mit Familienbildung.

31) Menschen mit Behinderungen sind Menschen, die länger als drei Monate an der Teilhabe gehindert werden können.

32) Die UN-Behindertenrechtskonvention trat 2008 in Kraft.

33) Das Bundesteilhabegesetz ist seit 2023 vollständig in Kraft getreten.

34) Das Kinder- und Jugendstärkungsgesetz wurde 2021 eingeführt.

35) Ab 2028 ist die Gesamtzuständigkeit des KJHG für Kinder und Jugendliche mit Beeinträchtigung geplant.

36) Eine Behinderung entsteht nur durch körperliche Beeinträchtigungen.

37) Leistungen für Kinder mit seelischer Beeinträchtigung sind in §35a SGB VIII geregelt.

38) Frühförderung ist ein System von Hilfeangeboten von der Geburt bis zum 10. Lebensjahr.

39) Sozialpädiatrische Zentren sind Anlaufstellen für Frühförderung.

40) Leistungen zur medizinischen Rehabilitation werden von Sozialämtern getragen.

41) Schulbegleitung gehört zu den Leistungen zur Teilhabe an Bildung.

42) Integration bezeichnet die Aufnahme von außenstehenden Personen in ein bestehendes System.

43) Inklusion meint eine uneingeschränkte Teilhabe aller Menschen ohne Anpassung an das System.

44) Inklusion gilt als Menschenrecht.

45) In integrativen Kindertageseinrichtungen werden nur Kinder mit Beeinträchtigungen betreut.

46) Ein Integrationsstatus ist gegeben, wenn ein Kind besonderen Förderbedarf aufweist.

47) Die Offene Kinder- und Jugendarbeit hat nur einen pädagogischen Auftrag.

48) Grundlagen der Offenen Kinder- und Jugendarbeit sind in §11 SGB VIII festgelegt.

49) Internationale Jugendarbeit gehört zu den Schwerpunkten der Kinder- und Jugendarbeit.

50) Das Prinzip der Offenheit bedeutet, dass nur bestimmte Gruppen Zugang haben.

51) Partizipation ermöglicht das Ausprobieren von Demokratie.

52) Freiwilligkeit bedeutet Angebote ohne Zwang zur An- und Abmeldung.

53) Niedrigschwelligkeit soll Ausgrenzung und soziale Benachteiligung verstärken.

54) Sozialraumorientierung zeigt Ressourcen im Sozialraum auf.

55) Spielmobile sind stationäre Einrichtungen.

56) Zirkuspädagogik verbindet künstlerisches Können und pädagogisches Handeln.

57) Mädchenarbeit soll Geschlechtergerechtigkeit fördern.

58) Mobile Jugendarbeit sucht junge Menschen in ihrer Lebenswelt auf.

59) Hilfen zur Erziehung kommen ohne Bedarfsprüfung zustande.

60) Die Hilfen zur Erziehung sind in den §§27-40 SGB VIII geregelt.

61) Die Hilfeplanung ist ein Verfahren zur Bedarfsfeststellung erzieherischer Hilfen.

62) Das Hilfeplanverfahren erfolgt nur zwischen Jugendamt und Eltern.

63) Erziehungsberatung kann ohne Hilfeplanverfahren in Anspruch genommen werden.

64) Soziale Gruppenarbeit nutzt Gruppendynamik als soziales Erfahrungsfeld.

65) Erziehungsbeistand ist eine Hilfe zur Bewältigung von Erziehungsproblemen durch Einzelbetreuung.

66) Sozialpädagogische Familienhilfe ist eine stationäre Hilfe.

67) Tagesgruppen sind teilstationäre Angebote.

68) Die Betreuungszeit in Tagesgruppen endet meist um 18:00 Uhr.

69) Eingliederungshilfen nach §35a richten sich an Kinder mit körperlicher Behinderung.

70) Vollzeitpflege ersetzt die Erziehung in der Familie kurzzeitig oder auf Dauer.

71) Heimerziehung ist nur in großen Einrichtungen möglich.

72) Intensiv sozialpädagogische Einzelbetreuung ermöglicht fallbezogene Individualisierung.

73) Die Zielgruppe intensiv sozialpädagogischer Einzelbetreuung sind Kleinkinder.

74) Bei intensiv sozialpädagogischer Einzelbetreuung steht die Beteiligung des Klienten im Mittelpunkt.

75) Querschnittsaufgaben müssen in allen pädagogischen Prozessen konsequent mitgedacht, geplant, umgesetzt und reflektiert werden.

76) Sprachliche Bildung ist nur für Kinder mit Migrationshintergrund relevant.

77) Partizipation bedeutet die Beteiligung von Kindern, Jugendlichen und jungen Erwachsenen an sie betreffenden Entscheidungen.

78) Medienkompetenz von pädagogischen Fachkräften muss nicht regelmäßig aktualisiert werden.

79) Inklusion zielt darauf ab, Diskriminierungen von Menschen auf allen Ebenen abzubauen.

80) Prävention steht für eine konsequente Ressourcenorientierung bei der Unterstützung von Heranwachsenden.

81) Bildung für nachhaltige Entwicklung soll Heranwachsende nur für Umweltthemen sensibilisieren.

82) Die inhaltliche Arbeit der pädagogischen Fachkräfte lässt sich mit den Leitbegriffen Erziehung, Bildung und Betreuung betiteln.

83) Betreuung umfasst die Übernahme von Verantwortung, rechtliche Vertretung unmündiger Personen, Schutz und Pflege.

84) Erziehung ist soziales Handeln, durch das beabsichtigte Lernprozesse angeregt werden.

85) Bildung steht für ein ko-konstruktivistisches Bildungsverständnis und die Aneignung von Kompetenzen.

86) Die Arbeit einer pädagogischen Fachkraft beschränkt sich nur auf die direkte Arbeit am Kind.

87) Professionalisierung bezeichnet die berufsbiografische Herausbildung eines Habitus und eines komplexen Kompetenzprofils.

88) Ein professionelles Selbstverständnis ist gegeben, wenn berufliche Handlungen unter fachlich spezifizierten Kriterien erfolgen.

89) Pädagogische Handlungen lassen sich leicht standardisieren und durch konkrete Regelwerke vollziehen.

90) Partizipation sowie Lebenswelt- und Ressourcenorientierung gelten als Handlungsparadigmen der Pädagogik.

91) Die professionelle Haltung bestimmt die Qualität der professionellen Beziehungs- und Bildungsarbeit.

92) Die dialogische Haltung zeigt sich nur in der Bereitschaft zu Empathie.

93) Kongruenz, Wertschätzung und Authentizität sind Aspekte der professionellen Haltung.

94) Vielfalt und Individualität werden als Bereicherung und Normalität respektiert.

95) Die professionelle Haltung hängt unmittelbar mit dem Gelingen der pädagogischen Arbeit zusammen.

96) Pädagogische Selbstreflexion ist ein einmaliger Prozess am Ende der Ausbildung.

97) Selbstreflexion ermöglicht eine systematische Auseinandersetzung mit offenen Fragestellungen oder Problemsituationen.

98) Ziele der Selbstreflexion sind die Weiterentwicklung der eigenen Person und die Erweiterung des Handlungsspielraums.

99) Reflexion kann nur intern im Team stattfinden.

100) Prospektive Reflexion findet im Rückblick auf Geschehenes statt.

101) Eigene Erziehungserfahrungen können pädagogische Fachkräfte zu Zielvorstellungen verleiten, die nicht immer gut für die betreuten Personen sind.

102) Die UN-Kinderrechtskonvention ist ein völkerrechtliches Abkommen, das verbindlich und weltweit Kindern ein gesichertes Aufwachsen ermöglichen soll.

103) UNICEF hat die zentralen Bestimmungen der UN-Kinderrechtskonvention in zehn Grundrechten zusammengefasst.

104) Das Recht auf Bildung und Ausbildung gehört zu den Grundrechten der UN-Kinderrechtskonvention.

105) Nach Artikel 6 des Grundgesetzes obliegt den Großeltern das Recht und die Pflicht, für ihre Enkel zu sorgen.

106) Das Wächteramt des Staates bedeutet, dass der Staat über die Betätigung der Eltern wacht.

107) Kommunen und Landkreise haben die Aufgabe, Jugendämter zu errichten.

108) Die Wahrung des Kindeswohls gilt als Bürgerpflicht.

109) Das SGB VIII regelt die subsidiäre Hilfe bei Pflege und Erziehung der Kinder.

110) Subsidiär bedeutet so viel wie „unterstützend" oder „Hilfe leistend".

111) Das SGB VIII trat 1995 in Kraft.

112) Das Bundeskinderschutzgesetz hat den Kinderschutz in Deutschland 2012 erheblich gestärkt.

113) Die elterliche Sorge beginnt mit der Geburt und endet mit der Volljährigkeit des Kindes.

114) Die elterliche Sorge ist ein vererbliches und übertragbares Recht.

Wahrnehmen, Beobachten, Dokumentieren

Hier prüfst du dein Verständnis für professionelle Wahrnehmung und Beobachtung in der pädagogischen Praxis. Die Aussagen umfassen den Prozess der Wahrnehmung, Einflussfaktoren und häufige Wahrnehmungsfehler. Du testest dein Wissen über fachliche Beobachtungsverfahren, den systematischen Beobachtungsprozess und verschiedene Dokumentationsformen wie Entwicklungs- und Kompetenzportfolios.

Richtig oder falsch?

115) Wahrnehmung ist der Prozess und das subjektive Ergebnis der Informationsgewinnung und -Verarbeitung von Reizen aus der Umwelt und dem Körperinneren.

116) Der Prozess der Wahrnehmung verläuft in den Stadien Empfindung und Organisation, Identifikation und Bewertung sowie Ergebnis.

117) Das taktile System ist für das Hören zuständig.

118) Das kinästhetische System ermöglicht Bewegungsempfindung und Tiefensensibilität.

119) Das vestibuläre System ist für die Gleichgewichtsregulation verantwortlich.

120) Das gustatorische System ermöglicht das Riechen.

121) Das olfaktorische System ist für das Schmecken zuständig.

122) Das auditive System ermöglicht das Hören über die Ohren.

123) Das visuelle System ist für das Sehen mit den Augen verantwortlich.

124) Emotionale Wahrnehmung beinhaltet das Wahrnehmen von Beziehungen zwischen Personen.

125) Situationsbezogene Aspekte wie Lärm oder Kälte können die Wahrnehmung nur fördern.

126) Personenbezogene Aspekte wie körperliches Befinden beeinflussen die Wahrnehmung.

127) Eigene Interessen und Vorerfahrungen haben keinen Einfluss auf die Wahrnehmung.

128) Reizbezogene Aspekte wie die Intensität eines Reizes können die Wahrnehmung beeinflussen.

129) Das menschliche Gehirn ist mit hochindividuellen Wahrnehmungsfiltern ausgestattet.

130) Pädagogische Fachkräfte müssen sich als Teil der Beobachtung verstehen lernen.

131) Der Einstellungsfehler bedeutet, dass die eigene Meinung zum Maßstab genommen wird.

132) Der Halo-Effekt verallgemeinert bestimmte Einzeleigenschaften auf die ganze Person.

133) Der Mildeeffekt bedeutet, dass unerwünschte Verhaltensweisen mehr Aufmerksamkeit erhalten.

134) Der erste Eindruck (primacy effect) beeinflusst das Bild der Person entscheidend und dominiert die Gesamtwahrnehmung.

135) Beobachtung ist die zielgerichtete Wahrnehmung von Reizen.

136) Beobachtung im pädagogischen Zusammenhang meint das Schenken gezielter Aufmerksamkeit.

137) Gelegenheitsbeobachtung ist gekennzeichnet durch Planung der Beobachtung und Auswertung der Ergebnisse.

138) Fachliche Beobachtung dient dem Sammeln grundsätzlicher Informationen über ein Individuum.

139) Ein Ziel fachlicher Beobachtung ist es, Kompetenzen der Kinder, Jugendlichen und jungen Menschen zu entdecken.

140) Fachliche Beobachtung soll Ressourcen konsequent in den Blick nehmen.

141) Bei offener Beobachtung sind Kind, Jugendlicher oder junger Erwachsener und/oder Eltern informiert.

142) Bei verdeckter Beobachtung wird „heimlich" beobachtet, die Zielperson ist nicht informiert.

143) Bei teilnehmender Beobachtung befindet sich die pädagogische Fachkraft in einer Doppelrolle.

144) Bei nicht-teilnehmender Beobachtung greift die pädagogische Fachkraft aktiv in das Geschehen ein.

145) Strukturierte Beobachtung folgt einem detaillierten Beobachtungsplan.

146) Verdeckte Beobachtungen eignen sich gut für den pädagogischen Alltag.

147) Verdeckte Beobachtungen kommen aus ethischen Gründen kaum noch zum Einsatz.

148) Zu den Beobachtungsthemen gehören menschliche Handlungen wie Sozialverhalten.

149) Sprachliche und nicht-sprachliche Äußerungen können nicht beobachtet werden.

150) Der fachliche Beobachtungsprozess verläuft in drei Phasen.

151) Die vier Phasen des Beobachtungsprozesses sind Planung, Durchführung, Dokumentation und Auswertung.

152) Die Dokumentation sichert die Transparenz der Beobachtung.

153) Bei der Dokumentation muss der Datenschutz beachtet werden.

154) Beobachtungsergebnisse bilden die Basis für professionelles Handeln im pädagogischen Arbeitsfeld.

155) Hans Rudolf Leu entwickelte eine Systematisierung von Beobachtungsverfahren in drei Ebenen.

156) Bildungs- und Lerngeschichten zielen darauf ab, individuelle Lerndispositionen zu erkennen.

157) Die „Learning Stories" wurden ursprünglich von der deutschen Pädagogin Margaret Carr entwickelt.

158) Die Entwicklungstabelle nach Beller erfasst verschiedene Entwicklungsbereiche von Kindern bis zum zehnten Lebensjahr.

159) Validierte Grenzsteine der Entwicklung sind ein Diagnoseinstrument für Entwicklungsstörungen.

160) Die Grenzsteine der Entwicklung können Hinweise auf Handlungsbedarf geben.

161) Bei den Grenzsteinen der Entwicklung werden Fragen mit „Ja" oder „Nein" beantwortet.

162) Dokumentationen dienen der Weiterverwendung von Informationen und sichern die Konsequenz der pädagogischen Arbeit im Team.

163) Dokumentation kann als Grundlage für fachlichen Austausch sowie eine Auswertung im Team dienen.

164) Ein Entwicklungsportfolio ist eine Sammlung relevanter Beobachtungsergebnisse aller Fachkräfte, die mit dem Kind arbeiten.

165) Das Entwicklungsportfolio ist für alle Personen frei zugänglich.

166) Kompetenzportfolios sind Bildungstagebücher der Kinder, Jugendlichen und jungen Erwachsenen und werden von ihnen selbst geführt.

167) Kompetenzportfolios sollen Bildungswege und -prozesse sowie Fortschritte sichtbar machen.

168) Durch Kompetenzportfolios kann der Betreute in den Dialog treten und ein lebendiger Austausch entsteht.

Erziehung, Bildung, Bildungskonzepte

In diesem Kapitel werden deine Kenntnisse zu den Grundbegriffen Erziehung und Bildung geprüft. Die Aussagen behandeln anthropologische Grundlagen, pädagogische Grundhaltungen und verschiedene Erziehungsstile. Außerdem testest du dein Wissen über Bildungskonzepte, pädagogische Handlungskonzepte und die Gestaltung von Erziehungs- und Bildungspartnerschaften mit Eltern.

Richtig oder falsch?

169) Erziehung ist die soziale Handlung eines Menschen, um einen anderen Menschen dauerhaft zu beeinflussen.

170) Durch Erziehung soll ein Mensch befähigt werden, sein Leben und seinen Alltag selbstständig zu bewältigen.

171) Die Wissenschaft, die sich mit Erziehung beschäftigt, wird nur Pädagogik genannt.

172) Der Mensch wird mit vollständigen Instinkten geboren.

173) Instinktreste beim Menschen sind z.B. Suchreflex und Saugreflex.

174) Der Mensch besitzt natürliche Angriffsorgane und Schutz vor Witterung.

175) Nach Adolf Portmann kann der Mensch als „physiologische Frühgeburt" bezeichnet werden.

176) Der Mensch ist zum Zeitpunkt der Geburt völlig hilflos und auf Totalversorgung angewiesen.

177) Die Mängel an angeborenen Fähigkeiten werden durch unendliche Lernfähigkeit ausgeglichen.

178) Der Mensch kann kausale Sinneszusammenhänge verstehen.

179) Der Mensch ist ein soziales Wesen und auf intensive Sozialkontakte angewiesen.

180) Intentionale Erziehung ist unbewusst und aus der Situation heraus.

181) Funktionale Erziehung ist beabsichtigt, bewusst vollzogen und zielgerichtet.

182) Die pädagogische Grundhaltung bildet die Grundlage des pädagogischen Handelns.

183) Das humanistische Menschenbild hat sich in der westlichen Pädagogik durchgesetzt.

184) Nach dem humanistischen Menschenbild strebt jeder Mensch nach Autonomie.

185) Jeder Mensch ist einzigartig und von Natur böse.

186) Der Mensch ist eine Einheit aus Körper, Geist und Seele.

187) Pädagogische Situationen sind einfach und folgen allgemeingültigen Regeln.

188) Pädagogische Fachkräfte bilden ihre eigene Wirklichkeitskonstruktion.

189) Das Bild vom Kind bestimmt die Haltung gegenüber Kindern.

190) Das Bild vom Kind beeinflusst das pädagogische Handeln der Fachkräfte.

191) Unterschiedliche Bilder vom Kind können zu Konflikten im Kollegium führen.

192) In der Waldorf-Pädagogik müssen Kinder vor schädlichen Einwirkungen geschützt werden.

193) Beim Situationsansatz sind Kinder die Konstrukteure ihrer Lernprozesse.

194) Erziehungsziele werden gesetzt, um pädagogische Handlungen bewusst auszurichten.

195) Erziehungsziele sind unabhängig von gesellschaftlichen Bedingungen.

196) Erziehungsziele wandeln sich im Laufe gesellschaftlicher Entwicklungen.

197) In der DDR stand die Erziehung zur „sozialistischen Persönlichkeit" im Fokus.

198) 1971 formulierte der deutsche Bildungsrat das Erziehungsziel der Mündigkeit und Selbstständigkeit.

199) Der Erziehungsstil wird nur durch das Menschenbild bestimmt.

200) Beim autoritären Erziehungsstil werden Gehorsam und Unterordnung erwartet.

201) Der autoritäre Erziehungsstil führt zu kreativem und selbstsicherem Verhalten.

202) Beim permissiven Erziehungsstil dominiert das Kind die Erwachsenen.

203) Der vernachlässigende Erziehungsstil bietet emotionale Zuwendung zum Kind.

204) Beim autoritativen Erziehungsstil herrscht eine emotional warme Beziehung.

205) Der demokratische Erziehungsstil führt zu partnerschaftlicher Atmosphäre in der Gruppe.

206) Erziehungsmaßnahmen sind alle Handlungen zur dauerhaften Verhaltensänderung.

207) Es gibt nur unterstützende Erziehungsmaßnahmen.

208) Positive Verstärkung durch Lob gehört zu den unterstützenden Erziehungsmaßnahmen.

209) Gegenwirkende Erziehungsmaßnahmen wenden unangenehme Konsequenzen an.

210) Direkte Erziehungsmaßnahmen beeinflussen das Verhalten über Situationen oder Objekte.

211) Die Wirksamkeit von Erziehungsmaßnahmen ist immer vorhersagbar.

212) Die Wirksamkeit hängt von der Persönlichkeit des Kindes und der Fachkraft ab.

213) Ich-Botschaften und aktives Zuhören sind bei Erziehungsmaßnahmen von großer Bedeutung.

214) Pädagogische Handlungskonzepte basieren auf unterschiedlichen pädagogischen Überzeugungen.

215) Pädagogische Handlungskonzepte und pädagogische Ansätze werden immer unterschiedlich verwendet.

216) Bildung ist ein lebenslanger Prozess des Erwerbs und der Erweiterung von Kompetenzen und Orientierungen.

217) Wilhelm von Humboldt versteht Bildung als Selbstzweck und Mittel zur Selbstwerdung.

218) Wolfgang Klafki entwickelte die „kritisch-konstruktive Didaktik" für die schulische Bildung.

219) Bildungsinhalte haben nach Klafki nur einen Wert, wenn sie auf andere Situationen übertragbar sind.

220) Hartmut von Hentig beschreibt Bildung vor allem als Persönlichkeitsbildung.

221) Wissen ist identisch mit Bildung.

222) Lernen ist der Prozess des absichtlichen oder beiläufigen Erwerbs von Kenntnissen und Fähigkeiten.

223) Der Prozess des Lernens ist von außen direkt beobachtbar.

224) Das Bildungskonzept „Homo humanus" zielt auf die Entwicklung des technisch ausgebildeten Menschen.

225) Das Konzept „Homo faber" dient der Vorbereitung auf den Konkurrenzkampf und die Bedürfnisse des Kapitals.

226) Der Selbstbildungsansatz nach Gerd E. Schäfer betont die Selbstbildung durch Selbsttätigkeit des Individuums.

227) Ko-Konstruktivismus bedeutet, dass Bildung nur durch individuelle Aktivität entsteht.

228) Thomas Rauschenbach formuliert vier Bildungsziele für Heranwachsende.

229) Formale Bildungsprozesse sind gekennzeichnet durch freiwillige Anwesenheit und Vielfalt des Angebots.

230) Non-formale Bildungsprozesse finden in Jugendzentren und Kindertageseinrichtungen statt.

231) Informelle Bildungsprozesse entstehen zufällig und sind prozessorientiert.

232) Bildungspläne werden nur auf Bundesebene festgelegt.

233) Bildungspläne formulieren Anregungen und Ziele für die Arbeit in Kindertageseinrichtungen.

234) Zu den Bildungsbereichen gehören unter anderem Ästhetik, Musik, Bewegung und Sprache.

235) Bildungspläne geben praktische Hinweise zur Umsetzung der Bildungsziele bis zum Abschluss der Grundschulzeit.

236) Eine optimale Förderung und Entwicklungsbegleitung des Heranwachsenden kann nur über eine gelingende Bildungs- und Erziehungspartnerschaft geschehen.

237) Eltern und pädagogische Fachkräfte haben die gleichen Aufgaben und Verantwortungsbereiche in der Erziehungspartnerschaft.

238) Das Kind bewegt sich nach Bronfenbrenner in zwei Mikrosystemen, die sich wechselseitig beeinflussen.

239) Der gesetzliche Auftrag zur partnerschaftlichen Zusammenarbeit lässt sich aus §22 Abs. 2 Nr. 2 SGB VIII entnehmen.

240) Erziehungsberechtigte haben nur bei unwichtigen Angelegenheiten der Erziehung ein Beteiligungsrecht.

241) Die pädagogische Fachkraft muss die Lebenswelten der erziehungsberechtigten Personen akzeptieren.

242) Die Haltung gegenüber den Erziehungspartnern sollte defizitorientiert ausgerichtet sein.

243) Informationsaustausch und Transparenz sind wichtige Aufgaben der pädagogischen Fachkraft in der Erziehungspartnerschaft.

244) Pädagogische Fachkräfte begleiten nur den Heranwachsenden bei Transitionen, nicht die Erziehungsberechtigten.

245) Die Gestaltung von Partizipation ist gesetzlich verpflichtend und betrifft alle Arbeitsfelder der Kinder- und Jugendhilfe.

246) Aufnahmegespräche sind der erste direkte Kontakt zwischen pädagogischen Fachkräften und Eltern.

247) Tür-und-Angel-Gespräche zählen zu den Entwicklungsgesprächen.

248) Hilfeplangespräche dienen der Erstellung eines Hilfeplans, in dem Hilfen und Leistungen des Jugendamtes festgelegt werden.

249) Alltagspartizipation kann die Mitwirkung bei Gruppenaktivitäten oder Projekten umfassen.

250) Der Elternbeirat wird von der Kita-Leitung ernannt und nicht demokratisch gewählt.

251) Punktuelle Partizipation kann schriftliche oder mündliche Befragungen beinhalten.

252) Elterncafés gehören zu den Veranstaltungsformen der Elternpartizipation.

253) Der Elternbeirat kann nur an ausgewählten Teamberatungen der Einrichtung teilnehmen.

254) Repräsentative Beteiligungsformen umfassen beispielsweise Elterngremien.

255) Das Gelingen von Bildungs- und Erziehungspartnerschaften erfordert Bemühungen nur auf der Ebene der pädagogischen Fachkräfte.

Sozialisation, Identität, Gesellschaft

Hier testest du dein Verständnis für Sozialisationsprozesse und Identitätsentwicklung. Die Aussagen umfassen verschiedene Sozialisationsinstanzen und -phasen, systemtheoretische Ansätze wie Bronfenbrenners ökologisches Modell, sowie die Entwicklung von Persönlichkeit und sozialen Rollen. Dein Wissen über Rollenkonflikte und gelungene Sozialisation wird ebenfalls geprüft.

Richtig oder falsch?

256) Sozialisation ist der lebenslange Prozess, bei dem der Mensch mit seinen physischen und psychischen Anlagen Teil der ihn umgebenden Gesellschaft wird.

257) Sozialisation ist ein beabsichtigter und geplanter Prozess der Vergesellschaftung.

258) Erziehung ist ein Teil der Sozialisation.

259) Sozialisation findet nur in der Kindheit und Jugend statt.

260) Sozialisation ist abhängig vom sozialen Milieu, Geschlecht, der Persönlichkeit und der Kultur.

261) Die Familie gehört zu den wichtigsten Sozialisationsinstanzen.

262) Die Gleichaltrigengruppe wird auch als Peergroup bezeichnet.

263) Die primäre Sozialisation findet im mittleren Erwachsenenalter statt.

264) In der sekundären Sozialisation sinkt der Einfluss der Familie und der der Gleichaltrigengruppe steigt.

265) Die tertiäre Sozialisation umfasst die Ruhestandsphase.

266) Wesentliche Grundlagen für spätere soziale Lernprozesse werden in der primären Sozialisation geschaffen.

267) Die quartäre Sozialisation beinhaltet die Auseinandersetzung mit Lebensbedingungen nach Beendigung der Berufsarbeit.

268) Sozialisationsinstanzen sind soziale Systeme, die durch die Vermittlung von Werten, Normen, Wissen und Fertigkeiten zur Sozialisation beitragen.

269) Das Individuum ist der einzelne Mensch und damit die kleinste gesellschaftliche Einheit.

270) Individuum und Gesellschaft konnten bereits abschließend einheitlich definiert werden.

271) Die Gesellschaft gliedert sich in gesellschaftliche Teilsysteme wie Familie, Institutionen und Peergroups.

272) Aristoteles unterschied zwischen Gemeinschaftslebewesen und Privatperson mit individuellem Willen.

273) Nach Karl Marx sind Menschen im ökonomischen Prozess den Markt- und Produktionsbedingungen unterworfen.

274) Die Klassenzugehörigkeit erweitert nach Marx die individuelle Selbstbestimmung.

275) Max Weber sah eine starke Rationalisierung und Bürokratisierung der Gesellschaft.

276) Nach Georg Simmel ist Gesellschaft das Resultat individuellen Handelns.

277) George Herbert Mead sah Sozialität und Individualität als sich ausschließende Elemente.

278) Nach Mead entwickelt sich Individualität aus der Übernahme gesellschaftlicher Verhaltenserwartungen.

279) Talcott Parsons betrachtete Sozialisation als einen Prozess, der es Individuen ermöglicht, gesellschaftliche Rollen zu spielen.

280) Systemtheorie bezeichnet eine monodisziplinäre Perspektive zur Beschreibung komplexer Wechselwirkungen.

281) Nach der Theorie des symbolischen Interaktionismus dient Gesellschaft als Ermöglichung und Voraussetzung der Individualität.

282) Soziales Handeln ist bewusstes Verhalten, in dem eigene und fremde Interessen Berücksichtigung finden.

283) Nach Luhmanns Systemtheorie sind Gesellschaft und Individuum abhängige Systeme ohne Abgrenzung.

284) Systeme haben nach der Systemtheorie die Tendenz zur Selbstorganisation.

285) Die Individualisierungstheorie besagt, dass das Individuum völlig unabhängig von Arbeitsmarkt und Bildungssystem ist.

286) Nach der Individualisierungstheorie bewirkt die Lockerung traditioneller Vorgaben größere individuelle Freiheit mit Überforderungsrisiko.

287) Klaus Hurrelmann bezeichnete das Individuum als „produktiven Realitätsverarbeiter".

288) Äußere Realität umfasst nach Hurrelmann Sozial- und Wertestruktur der Gesellschaft sowie materielle Lebensbedingungen.

289) Innere Realität bezieht sich auf mentale, psychische Prozesse und physiologische Regulationsprozesse.

290) Nach Hurrelmann ist Sozialisation eine eingleisige Prägung ohne Wechselwirkung.

291) Bronfenbrenners system-ökologische Theorie betrachtet den Menschen als Akteur im Kontext seiner gesamten Umwelt.

292) Nach Bronfenbrenner gibt es vier Teilsysteme: Mikro-, Meso-, Exo- und Makrosystem.

293) Das Mikrosystem umfasst den unmittelbaren Lebensbereich wie Familie oder Kita-Gruppe.

294) Das Exosystem beinhaltet Teilsysteme, an denen das Individuum direkt teilhat.

295) Das Chronosystem beschreibt die zeitliche Dimension der Lebenswelt und Rollenwechsel.

Lebenswelt, Diversität, Erkrankungen

In diesem Kapitel prüfst du dein Wissen über Lebensweltorientierung und den Umgang mit Vielfalt. Die Aussagen behandeln das Lebensweltkonzept nach Thiersch, Sozialraumorientierung und verschiedene Vielfaltsaspekte wie Geschlecht, Migration und soziale Ungleichheit. Außerdem testest du deine Kenntnisse zu Inklusion, ressourcenorientierter Arbeit und besonderen Bedarfslagen sowie belastenden Familienerfahrungen.

Richtig oder falsch?

296) Seit den 1970er-Jahren ist in der Sozialarbeit und Sozialpädagogik eine Hinwendung zur Lebenswelt der Adressaten zu beobachten.

297) Lebenswelten sind sozialökologische Nahräume, in denen das Individuum mit anderen Menschen interagiert.

298) Das Lebensweltkonzept von Hans Thiersch wurde in den 1990er-Jahren entwickelt.

299) Die lebensweltorientierte soziale Arbeit bezieht sich auf die objektiven Sichtweisen der Fachkräfte.

300) Normative Entwicklungsaufgaben sind biologisch oder gesellschaftlich determiniert.

301) Der Schuleintritt ist ein Beispiel für eine non-normative Entwicklungsaufgabe.

302) Non-normative Entwicklungsaufgaben ergeben sich aus individuell auftretenden Ereignissen im Lebenslauf.

303) Von der erfolgreichen Bewältigung einer Entwicklungsaufgabe hängt die Bewältigung weiterer Entwicklungsaufgaben ab.

304) Lebensweltorientierung und Sozialraumorientierung werden seit den 1980er-Jahren zunehmend synonym verwendet.

305) Sozialraum wird als Ort verstanden, in dem Einzelne oder Gruppen ihren Alltag leben.

306) Sozialraumorientierung bedeutet, Angebote zentral an einem Ort anzusiedeln.

307) Narrative Landkarten machen subjektiv bedeutende Lebensräume von Kindern und Jugendlichen sichtbar.

308) Stadtteilbegehungen werden ausschließlich von pädagogischen Fachkräften durchgeführt.

309) Autofotografie ist eine Methode zur Erforschung des Sozialraums durch medienunterstützte bildgebende Verfahren.

310) Das Lebenslagenkonzept konkretisiert das Lebensweltkonzept.

311) Die Lebenslage eines Menschen wird nur durch materielle Bedingungen determiniert.

312) Das Lebenslagenkonzept betont die Eindimensionalität verschiedener Lebensbereiche.

313) Prävention ist eines der Ziele der lebensweltorientierten Arbeit.

314) Integration und Inklusion sind identische Konzepte in der lebensweltorientierten Arbeit.

315) Partizipation ermöglicht Teilhabe im Sinne von Mitbestimmung und Mitgestaltung.

316) Das Leben von Kindern, Jugendlichen und jungen Erwachsenen sowie ihren Familien unterliegt starken Veränderungen.

317) Vielfalt ist nur bei den Lebenslagen, nicht aber bei den Lebensverläufen erkennbar.

318) Es ist Auftrag der Kinder- und Jugendhilfe, dazu beizutragen, Benachteiligungen zu vermeiden und abzubauen.

319) Pädagogische Fachkräfte sollen Geschlechterstereotype bewusst fördern und verstärken.

320) Die Zugehörigkeit zu einer Altersgruppe ist an Rechte, Pflichten und gesellschaftliche Erwartungen gebunden.

321) Pädagogische Fachkräfte sind durch die UN-Behindertenrechtskonvention verpflichtet, Heranwachsende mit Beeinträchtigungen zu unterstützen.

322) Mit einem Migrationshintergrund aufzuwachsen bedeutet, zu mindestens zwei lebensweltlichen Kontexten zugehörig zu sein.

323) Ein Migrationshintergrund wird nur bei vorhandenen Sprachbarrieren zugeordnet.

324) Der Zugang zu Bildung ist in Deutschland eng an den Zugang zu ökonomischen Ressourcen gebunden.

325) Sprache steht in Wechselwirkung mit der sozialen Umwelt und ist ein wichtiger Zugang zu Bildung.

326) Heranwachsende sind heute in der Mehrheit so gut wie noch nie gestellt, während ein Teil dauerhaft von sozialer Teilhabe ausgeschlossen ist.

327) Heranwachsende erwerben heutzutage mehrheitlich das Abitur und die Hochschulreife.

328) Kinder, Jugendliche und junge Erwachsene sind von Armut unterproportional betroffen.

329) Unter Inklusion versteht man, dass Menschen gleichwertige und gleichberechtigte Mitglieder einer Gemeinschaft sind.

330) Integration meint die Aufnahme einer zunächst ausgesonderten Gruppe in eine andere Gruppe.

331) Bei der Integration wird die integrierte Gruppe nicht mehr von den anderen unterschieden.

332) Inklusion setzt eine vorhergehende Aussonderung voraus, um den Personenkreis wieder einzugliedern.

333) Über Jahrhunderte wurde in der Gesellschaft eher Exklusion, Separation und teilweise Integration gelebt.

334) Inklusive Pädagogik umzusetzen gelingt sofort und ohne Prozess.

335) Inklusion geht davon aus, dass menschliche Unterschiede normal sind.

336) Bei der Inklusion steht der Einzelne mit seinem besonderen Förderbedarf im Mittelpunkt.

337) Bildungsangebote sollen sich an den Ressourcen und Bedürfnissen der jeweiligen Personen orientieren.

338) Heterogenität wird als Hindernis für Bildungs- und Lernprozesse betrachtet.

339) Inklusion stellt einen Qualitätsmaßstab für die Organisationsentwicklung sozialer Einrichtungen dar.

340) Barrieren, die die Teilhabe an Bildungsprozessen behindern, sollen abgebaut werden.

341) Vorurteile verallgemeinern unstatthaft und benennen Unterschiede abwertend.

342) Diskriminierung findet nur bewusst statt, nie unbewusst.

343) Rassismus konstruiert Individuen aufgrund körperlicher oder kultureller Merkmale als die Anderen.

344) Die zeitgleiche Anwesenheit unterschiedlicher Menschen führt automatisch zu gelungener Inklusion.

345) Für inklusive Bildung benötigt eine pädagogische Fachkraft eine professionelle Haltung mit Empathie und Offenheit.

346) Selbstreflexivität beinhaltet die kritische Auseinandersetzung mit eigenen Ängsten und Vorurteilen.

347) Der Anti-Bias-Ansatz geht davon aus, dass Vorurteile unveränderlich sind.

348) Geschlechterbewusste Arbeit unterscheidet zwischen „Mädchenarbeit" und „Jungenarbeit".

349) Ressourcenorientierung als pädagogischer Grundsatz basiert auf den Erkenntnissen der Resilienzforschung.

350) Bei der ressourcenorientierten Unterstützung stehen Defizite und Problemlagen im Vordergrund.

351) Ressourcenorientierte Unterstützung beginnt mit dem Blickwechsel der pädagogischen Fachkraft.

352) Der positive Blick auf den Menschen blendet Risikolebenslagen und Herausforderungen aus.

353) Nicht die Person ist ein Problem, sondern ein Mensch hat ein Problem und sucht nach Lösungsmöglichkeiten.

354) Aggressives Verhalten eines Kindes kann als Hilferuf oder nicht zielführende Bewältigungsstrategie gedeutet werden.

355) Pädagogische Fachkräfte sollten vorschnell kategorisieren und beurteilen aufgrund eigener Wertvorstellungen.

356) Verlässlich verfügbare Ressourcen dienen als Schutzfaktoren, die Entwicklungsprozesse unterstützen.

357) Aus systemischer Sicht können nur entlastende Faktoren eines familialen Systems betrachtet werden.

358) Kompetenzen des familiären Systems gehören zu den Orten für Ressourcen.

359) Materielle Ausstattung und Bildung können Ressourcen darstellen.

360) Armut und Arbeitslosigkeit gehören zu den Orten für Belastungen eines familialen Systems.

361) Was als Entwicklungsproblem eingeschätzt wird, ist immer eine persönliche Eigenschaft.

362) Hochbegabung kann durch Leistungsverweigerung und Leistungsversagen auffallen.

363) Bei Sehbeeinträchtigungen sollte das verbliebene Restsehvermögen frühzeitig gefördert werden.

364) Beeinträchtigungen der Sprache haben ausschließlich genetische Ursachen.

365) Von „Schreibabys" spricht man, wenn das Baby an mindestens 3 Tagen pro Woche über 3 Stunden täglich schreit.

366) Aggressives Verhalten entsteht unabhängig von der Interaktion mit anderen.

367) Ressourcenorientierte Förderung lässt sich am besten mithilfe von multiprofessionellen Teams realisieren.

368) Massive körperliche Ausdrucksformen der Aggression werden als Gewalt bezeichnet.

369) Gewalt von Erwachsenen gegen Kinder und Jugendliche wird als Kindesmisshandlung bezeichnet.

370) Kindesmisshandlung ist eine besonders schwere Form der Kindeswohlgefährdung.

371) Es lassen sich im Allgemeinen drei Formen der Kindeswohlgefährdung unterscheiden.

372) Das „Shaken-Baby-Syndrom" ist ein Beispiel für körperliche Misshandlung.

373) Psychische Misshandlung zielt darauf ab, den Selbstwert eines Kindes zu schädigen.

374) Vernachlässigung kann nur körperliche, nicht aber seelische Formen haben.

375) Sexueller Missbrauch geschieht überwiegend geplant und unter Ausnutzung des Abhängigkeitsverhältnisses.

376) Das Miterleben häuslicher Gewalt zwischen den Partnern zählt nicht zur Kindeswohlgefährdung.

377) Nach aktueller Rechtslage besteht für alle beruflich Zuständigen eine Handlungsverpflichtung bei Anhaltspunkten einer Kindeswohlgefährdung.

378) Bei der Gefährdungseinschätzung ist eine insoweit erfahrene Fachkraft beratend hinzuzuziehen.

379) Die Erziehungsberechtigten müssen immer in die Gefährdungseinschätzung einbezogen werden.

380) Eine insoweit erfahrene Fachkraft führt eine Risiko- und Schutzfaktorenanalyse mit dem Team durch.

381) Die Inobhutnahme ist eine Krisenintervention der Jugendämter unter Genehmigung durch die Familiengerichte.

382) Das Bio-psycho-soziale Krankheitsmodell wurde von G. L. Engel 1977 entwickelt.

383) Gesundheit und Krankheit sind sich gegenseitig ausschließende Zustände.

384) Gesundheit ist nur das Fehlen einer Erkrankung.

385) Die biologische, psychische und soziale Dimension stehen in Wechselwirkung zueinander.

386) Ein steigender Anteil an Kindern ist von chronischen Krankheiten betroffen.

387) Allergien sind eine Unterempfindlichkeit des Immunsystems.

388) Die genauen Ursachen für Allergien sind vollständig geklärt.

389) Asthma bronchiale ist eine entzündliche Erkrankung der Atemwege.

390) Asthma kann in seltenen Fällen lebensbedrohlich sein.

391) Bei Asthma sollten Betroffene Stress vermeiden.

392) Mukoviszidose ist eine erworbene Stoffwechselerkrankung.

393) Mukoviszidose führt zu ungewöhnlich salzigem Schweiß.

394) Bei Mukoviszidose sollten Hydrokulturen in Räumen vermieden werden.

395) Hauterkrankungen werden oft als belastend erlebt, da sie sichtbar sind.

396) Neurodermitis ist eine bakterielle Hautkrankheit.

397) Neurodermitis führt zu trockener und geröteter Haut.

398) Psoriasis wird auch Schuppenflechte genannt.

399) Ichthyosis wird auch Fischschuppenkrankheit genannt.

400) Erkrankungen des Darms gehen häufig mit starken Schmerzen einher.

401) Zöliakie ist eine Überempfindlichkeit gegen Bestandteile von Gluten.

402) Bei Zöliakie müssen glutenhaltige Nahrungsmittel ausgeschlossen werden.

403) Colitis ulcerosa und Morbus Crohn sind chronisch-entzündliche Darmerkrankungen.

404) Diabetes mellitus Typ 1 ist erworben.

405) Diabetes mellitus Typ 1 ist angeboren und autoimmun.

406) Diabetes mellitus Typ II tritt in 90% der Fälle durch Überernährung auf.

407) Bei Diabetes sollte Traubenzucker bereitgehalten werden.

408) Menschen mit Epilepsie können vor einem Anfall visuelle Auren (Wahrnehmungen) erleben.

409) Bei Epilepsie sollten Reizüberflutungen vermieden werden.

410) Epilepsie ist immer mit Bewusstseinsverlust verbunden.

411) Eine Störung liegt vor, wenn Beschwerden über vier Wochen auftreten.

412) Störungen müssen fast täglich und sehr stark auftreten.

413) Die ICD-10 klassifiziert psychische Störungen.

414) Schizophrenie ist seltener als Multiple Sklerose.

415) Schizophrenie ist geprägt durch Realitätsverlust.

416) Schizophrenie tritt häufig im Kindesalter auf.

417) Angststörungen im Entwicklungsverlauf sind immer krankhaft.

418) Trennungsangst kann durch unverarbeitete Schicksale entstehen.

419) Panikattacken dauern etwa 10 bis 15 Minuten.

420) Bei Depression ist es normal, niedergeschlagen zu sein.

421) Depression kann zu Selbstmordgedanken führen.

422) Essstörungen betreffen nur das Essverhalten.

423) Die Zahl der an Essstörungen erkrankten Jugendlichen steigt.

424) Adipositas entsteht nur durch zu viel Essen.

425) Bulimie ist durch Wechsel von kontrolliertem Essen und Heißhunger geprägt.

426) Magersucht hat einen suchtähnlichen Charakter.

427) ADS zeigt sich durch ruhiges, verträumtes Verhalten.

428) ADS/ADHS betrifft eher Mädchen.

429) ADHS zeigt hohe Ablenkbarkeit und kurze Konzentrationsphasen.

430) ADHS-Kinder reagieren unmittelbar auf Umweltreize.

431) Empowerment bedeutet „Hilfe zur Selbsthilfe".

432) Autismus zeigt sich durch auffälliges Verhalten in sozialen Situationen.

433) Das Asperger-Syndrom ist eindeutig eine Entwicklungsstörung.

434) Autismus-Spektrum-Störungen haben sehr vielfältige Ausprägungen.

435) Autismus ist durch erschwerte wechselseitige soziale Interaktion und Kommunikation charakterisiert.

436) Sucht ist ein zwanghaftes und krankhaftes Verlangen nach einem bestimmten Suchtstoff oder Verhaltensweisen.

437) Abhängigkeit führt nur zu psychischer, aber nicht zu physischer Abhängigkeit.

438) Die Begriffe Suchterkrankung, Sucht und Abhängigkeit werden in der pädagogischen Praxis häufig synonym verwendet.

439) Tabak und Alkohol gehören zu den illegalen Suchtmitteln.

440) Computerspiel- und Internetabhängigkeit gehören zu den stoffungebundenen Süchten.

441) Cannabis und Crystal gehören zu den legalen Suchtmitteln.

442) Heranwachsende konsumieren Suchtmittel manchmal zur Demonstration von Erwachsensein.

443) Zugehörigkeit zu einer Clique kann ein Grund für Suchtmittelkonsum sein.

444) Die Entstehung einer Abhängigkeit ist ein monofaktorieller Prozess.

445) Das Suchtdreieck nach Kielholz und Ladewig besteht aus Suchtmittel, Mensch und Umwelt.

446) Der Übergang von Genuss zu Abhängigkeit ist ein abrupter und klar abgrenzbarer Prozess.

447) Bei Genuss erfolgt der Konsum selten und die Qualität steht im Vordergrund.

448) Bei Gewohnheit wird regelmäßig konsumiert und es gibt nach dem Konsum kein Missempfinden mehr.

449) Missbrauch ist immer mit dem Eintritt einer Abhängigkeit verbunden.

450) Nach ICD-10 müssen mindestens drei Symptome während des letzten Jahres aufgetreten sein für eine Abhängigkeitsdiagnose.

451) Toleranzentwicklung bedeutet, dass der Körper eine Toleranz gegenüber dem Suchtstoff entwickelt.

452) Suchtprävention hat das Ziel, einen möglichst frühen Einstieg zu fördern.

453) Punktabstinenz ist ein Ziel der Suchtprävention.

454) Pädagogische Risikobegleitung sieht den Konsum psychoaktiver Substanzen als Bestandteil der Jugendkultur.

455) Zu den Unterstützungssystemen der Suchthilfe gehören auch Selbsthilfegruppen.

Entwicklung

Hier werden deine Kenntnisse zur menschlichen Entwicklung über die gesamte Lebensspanne geprüft. Die Aussagen umfassen Grundbegriffe der Entwicklung, verschiedene Entwicklungstheorien und -modelle sowie spezifische Entwicklungsbereiche. Du testest dein Wissen über Bindungstheorie, Bedürfnisse, Resilienz und die Entwicklung in verschiedenen Lebensphasen von der frühen Kindheit bis zum jungen Erwachsenenalter.

Richtig oder falsch?

456) Entwicklung kann als eine relativ überdauernde intraindividuelle Veränderung des Verhaltens und Erlebens über eine Zeit hinweg bezeichnet werden.

457) Veränderungen werden als Entwicklung bezeichnet, wenn sie in mehreren Schritten geschehen und vorausgegangene Schritte Voraussetzung für spätere sind.

458) Entwicklung findet nur in der Kindheit und Jugend statt.

459) Wachstum ist die physische Zunahme, Zellvermehrung oder -Vergrößerung von Organen, Muskeln oder Knochen.

460) Reifung ist die genetisch gesteuerte Entfaltung der biologischen Strukturen und Funktionen.

461) Der Aufbau der Nervenzellen und die Gehirnreifung sind mit etwa 15 Jahren abgeschlossen.

462)	Reifung ist völlig unabhängig von Kontexten und äußeren Einflüssen.
463)	Entwicklung vollzieht sich als Prozess mit zeitlicher Ausdehnung und Stetigkeit.
464)	Entwicklung hat einen Ausgangspunkt, aber keine Vollendung im Sinne eines statistischen Endzustands.
465)	Entwicklung erfolgt in deutlich wahrnehmbaren Stufen.
466)	Alle Entwicklungsbereiche verlaufen im gleichen Tempo und Ausmaß.
467)	Mit dem Begriff der Transition werden komplexe Wandlungsprozesse zu einer nächsten Lebensphase bezeichnet.
468)	Transitionen sind krisenhaft und zeitlich begrenzt.
469)	Transitionen gehen immer mit einer erhöhten Vulnerabilität einher.
470)	Transitionen ermöglichen besondere psychologische Entwicklungen und stellen den Menschen vor Entwicklungsaufgaben.
471)	Aufgrund der Beschleunigung der Entwicklung im Übergangsprozess spricht man von einer verdichteten Lernzeit.
472)	Jede Transition birgt nur Entwicklungschancen, aber keine Risiken.
473)	Das Risiko erhöht sich, wenn mehrere Übergänge gleichzeitig bewältigt werden müssen.
474)	Kritische Lebensereignisse betreffen wichtige Aktivitäten, soziale Rollen und soziale Beziehungen.
475)	Kritische Lebensereignisse können abrupt und unvorbereitet auftreten.
476)	Bei kritischen Lebensereignissen greifen bewährte Handlungsstrategien immer noch in der neuen Situation.
477)	Ko-Konstruktion bedeutet das Herstellen geteilter Sinnhaftigkeit zwischen Heranwachsendem, dessen Bezugspersonen und pädagogischen Fachkräften.

478) Bei der Resilienzförderung geht es um die systematische Analyse der individuellen Lebenssituation des Kindes.

479) Das Familien-Transition-Modell besagt, dass das Bewältigungsverhalten der Eltern keinen Zusammenhang mit der Transition des Kindes hat.

480) Eine Eingewöhnungszeit ist nur für das Kind, nicht aber für die Eltern notwendig.

481) Infolge nicht bewältigter Belastungssituationen können schädigende Wirkungen auf die gesamte Entwicklung eintreten.

482) Die Etablierung eines von Ritualen und sich wiederholenden Strukturen geprägten Alltags unterstützt Transitionen.

483) Das endogenetische Modell besagt, dass Entwicklung auf einen angelegten inneren Plan zurückgeht.

484) Im exogenetischen Modell kommt der Anstoß für Veränderungen von außen.

485) Das Selbstgestaltungsmodell sieht den Menschen als erkennendes und selbstreflexives Wesen.

486) Das interaktionistische Modell geht davon aus, dass sich Mensch und Umwelt gegenseitig beeinflussen.

487) Nach Erikson werden Entwicklungsfortschritte durch Probleme und Konflikte in aufeinanderfolgenden Entwicklungsstadien ermöglicht.

488) Erikson unterstellt, dass bei einem Misslingen der Bewältigung schwere Persönlichkeitsstörungen entstehen können.

489) Das erste Stadium nach Erikson ist „Autonomie vs. Scham und Zweifel".

490) Im ersten Lebensjahr geht es nach Erikson um „Vertrauen vs. Misstrauen".

491) Die Phase „Initiative vs. Schuldgefühle" findet im 4. und 5. Lebensjahr statt.

492) In der mittleren Kindheit steht „Werksinn vs. Minderwertigkeit" im Mittelpunkt.

493) In der Adoleszenz geht es um „Identität vs. Rollendiffusion".

494) „Intimität vs. Isolation" ist ein Thema des beginnenden Erwachsenenalters.

495) Im mittleren Erwachsenenalter steht „Generativität vs. Stagnation" im Vordergrund.

496) Robert Havighurst hat den Begriff der „Entwicklungsaufgaben" geprägt.

497) Nach Havighurst sollen Kinder im Alter von 2-4 Jahren bereits lesen und schreiben lernen.

498) Die Entwicklung von Fantasie und Symbolspiel ist typisch für das Alter von 2-4 Jahren nach Havighurst.

499) Im mittleren Schulalter (6-12 Jahre) geht es um das Erlernen der Grundlagen des Lesens, Schreibens und Rechnens.

500) In der Adoleszenz (13-17 Jahre) ist der Aufbau neuer Beziehungen zu Altersgenossen wichtig.

501) Im frühen Erwachsenenalter (23-30 Jahre) steht die Auswahl eines festen Partners im Mittelpunkt.

502) Havighurst nimmt an, dass Individuum und Umwelt sich wechselseitig beeinflussen.

503) Bindung ist ein dauerhaftes, emotionales Band zu wichtigen Bindungspersonen.

504) Die Bindung des Kindes zu einer Hauptbindungsperson bildet die Grundlage für die sozial-emotionale, motorische und kognitive Entwicklung.

505) Evolutionsbedingt sorgt die Bindung dafür, dass das Kind nicht in Gefahr gerät oder verloren geht.

506) Bei älteren Kindern ist körperliche Nähe wichtiger als emotionale Nähe.

507) Feinfühligkeit der Hauptbindungsperson hat Einfluss auf die Bindung.

508) Temperamentsmerkmale des Kindes haben keinen Einfluss auf die Bindungsentwicklung.

509) Rene Spitz untersuchte 1965 die Mutter-Kind-Beziehung im ersten Lebensjahr.

510) Harry Harlow führte 1966 Experimente mit Rhesusaffen zum Mutter-Kind-Kontakt durch.

511) John Bowlby entwickelte 1958 die Theorie des evolutionär angelegten Systems für Bindungsverhalten.

512) Mary Ainsworth entwickelte den Fremde-Situation-Test und unterschied vier Bindungstypen.

513) Positive Bindungserfahrungen führen zur Entwicklung von Autonomie und der Herausbildung eines Selbstbildes.

514) Bedürfnisse motivieren menschliches Verhalten und sind diesem gleichzusetzen.

515) Nach Maslow können Bedürfnisse in Form einer Pyramide dargestellt werden.

516) Die nächste Hierarchieebene nach Maslow kommt erst dann zum Tragen, wenn die vorhergehende bis zu einem Mindestmaß erfüllt ist.

517) Die untersten Stufen der Bedürfnispyramide bilden die Wachstumsbedürfnisse.

518) Defizitbedürfnisse müssen immer wieder befriedigt werden, sind dann aber vorerst gestillt.

519) Wachstumsbedürfnisse wachsen immer weiter im Entwicklungsverlauf.

520) Thomas Berry Brazelton und Stanley I. Greenspan entwickelten das Modell der „7 irreducable needs".

521) Beständige liebevolle Beziehungen sind ein Grundbedürfnis nach Brazelton und Greenspan.

522) Körperliche Bestrafungen sind als Erziehungsmittel erlaubt, solange sie nicht zu stark sind.

523) Entwicklungsgerechte Erfahrungen bedeuten, dass Kinder so schnell wie möglich erwachsene Verantwortlichkeiten übernehmen sollten.

524) Übermäßige Behütung kann die Entwicklung von Kindern beeinträchtigen.

525) Grenzen und Strukturen helfen Heranwachsenden, sich Freiräume zu erobern und gefahrlos zu entwickeln.

526) Die Gleichaltrigengruppe gewinnt mit zunehmendem Alter eine immer stärkere Bedeutung.

527) Resilienz ist angeboren und kann nicht erlernt werden.

528) Ein Risikofaktor erhöht die Wahrscheinlichkeit einer psychischen oder physischen Störung.

529) Ein Schutzfaktor mildert die Wirkung eines Risikofaktors ab.

530) Bereits im Mutterleib kann der Fetus schmecken, riechen, hören und tasten.

531) Erste Handlungsmuster der Motorik sind Reflexe wie Saug-Schluck-Reflex und Greifreflex.

532) Zwischen 8 und 12 Monaten krabbeln Kleinstkinder auf Händen und Knien oder robben.

533) Im Mittelpunkt der ersten Lebensjahre steht der Aufbau einer Bindung an Bezugs- und Bindungspersonen.

534) Mit Ende des 2. Lebensjahres können Kinder komplexe Gefühle wie Stolz und Eifersucht ausdrücken.

535) Nach Piaget befindet sich der Mensch von der Geburt bis zum 2. Lebensjahr in der sensumotorischen Stufe.

536) Objektpermanenz bedeutet, dass Objekte auch vorhanden sind, wenn sie außerhalb der Sichtweite liegen.

537) Im Vordergrund der ersten Lebensjahre steht das Übungsspiel.

538) Im 2. Lebensjahr entwickelt sich das Symbolspiel.

539) Die orale Phase ist durch Schmusen, Saugen und Nuckeln gekennzeichnet.

540) Die anale Phase beginnt bereits ab dem 1. Lebensjahr.

541) In der frühen Kindheit (2-4 Jahre) entwickelt sich eine synchrone Identität.

542) Kinder können sich sowohl als Objekt wahrnehmen als auch als Subjekt erleben.

543) Nach Piaget befinden sich Kinder von 2-6 Jahren in der präoperationalen Stufe.

544) Egozentrismus bedeutet, dass Kinder die Welt nur aus der eigenen Perspektive sehen.

545) Zentrierung bedeutet, dass sich Kinder nur auf ein Merkmal konzentrieren können.

546) Magisches Denken bedeutet, dass Kinder annehmen, Dinge sind beseelt und haben Absichten.

547) Rollenspiele rücken in der frühen Kindheit in den Vordergrund.

548) Die phallische Phase ist durch eine besondere Vorliebe von Mädchen für den Vater und Jungen für die Mutter gekennzeichnet.

549) Doktorspiele dienen hauptsächlich der lustbetonten Sexualität.

550) In der mittleren Kindheit (4-6 Jahre) ist die Verbesserung der motorischen Fähigkeiten enorm.

551) Viele Kinder erlernen in der mittleren Kindheit das Fahrradfahren.

552) Im Vorschulalter erleben Kinder meist einen ersten Wachstumsschub.

553) Der Übergang in die Grundschule ist eine wichtige Transition in der mittleren Kindheit.

554) Kinder in der mittleren Kindheit befinden sich noch in der präoperationalen Phase nach Piaget.

555) Regelspiele gelingen in der mittleren Kindheit bereits besser.

556) Das Fragealter setzt sich in der mittleren Kindheit fort.

557) In der späten Kindheit (6-12 Jahre) nimmt die Bedeutung gleichgeschlechtlicher Freundschaften zu.

558) Der Erwerb der Kulturtechniken Lesen, Schreiben und Rechnen ist zentral in der späten Kindheit.

559) Grundschulkinder verfügen über ein relativ stabiles und differenziertes Selbstbild.

560) Nach Kohlberg entwickelt sich vom 1. bis 10. Lebensjahr die präkonventionelle Moral.

561) In der 1. Stufe der Moralentwicklung orientieren sich Kinder an Strafe und Gehorsam.

562) Nach Piaget befinden sich Kinder zwischen 7 und 10 Jahren in der konkret-operationalen Phase.

563) Das magische Denken verschwindet individuell durch Zweifel an den magischen Fähigkeiten.

564) Kinder können sich im späteren Verlauf der konkret-operationalen Stufe auf mehrere Merkmale gleichzeitig konzentrieren.

565) In Wettkampfspielen vergleichen sich Kinder in der späten Kindheit gerne und wetteifern miteinander.

566) Medien rücken in der späten Kindheit stärker in den Vordergrund.

567) Jungen und Mädchen rücken in der späten Kindheit auseinander und konzentrieren sich auf das eigene Geschlecht.

568) Die Pubertät umfasst etwa das 10.-14. Lebensjahr.

569) Die Adoleszenz umfasst etwa das 14.-19. Lebensjahr.

570) Mit der Pubertät kommt die körperliche Reifung durch hormonelle Prozesse zustande.

571) Jungen gewinnen in der Pubertät an Ausdauerleistung und Kraft.

572) Für weibliche Heranwachsende spielt die einsetzende Menstruation eine wichtige Rolle.

573) Jugendliche wollen Klarheit über ihre eigene Identität entwickeln.

574) Jugendliche lösen sich langsam vom Elternhaus und wenden sich den Gleichaltrigen zu.

575) Die Peergroup hat enormen Einfluss auf die Meinung Jugendlicher.

576) Nach Kohlberg entwickelt sich in der Adoleszenz die konventionelle Moral.

577) In der 3. Stufe der Moralentwicklung orientieren sich Jugendliche am „guten Jungen/Mädchen".

578) Nach Piaget ist der Jugendliche auf der formal-operationalen Stufe des Denkens.

579) Auf der formal-operationalen Stufe wird das Denken abstrakt.

580) Das frühe Erwachsenenalter umfasst die Jahre 18-25.

581) Die Ablösung von den Eltern wird im frühen Erwachsenenalter abgeschlossen.

582) Die Wahl eines passenden Lebensstils ist eine wichtige Entwicklungsaufgabe im frühen Erwachsenenalter.

583) Die postkonventionelle Moral wird nach Kohlberg von allen Menschen erreicht.

584) Junge Erwachsene orientieren sich an sozialen Verträgen und Menschenrechten.

585) In pädagogischen Arbeitsfeldern werden vorwiegend junge Menschen mit Beeinträchtigungen begleitet.

586) Alle Entwicklungsbereiche sind eng miteinander verbunden und gekoppelt.

587) Die motorische Entwicklung vollzieht sich vom Kopf in Richtung Füße.

588) Emotionale Kompetenz ist die Fähigkeit, mit fremden und eigenen Gefühlen angemessen umzugehen.

589) Soziale Entwicklung bezieht sich nur auf zwischenmenschliche Interaktion.

Lernprozesse

In diesem Kapitel testest du dein Verständnis für Lernprozesse aus verschiedenen wissenschaftlichen Perspektiven. Die Aussagen behandeln Grundbegriffe des Lernens, neurowissenschaftliche Erkenntnisse zum Gehirn und Gedächtnis, sowie motivationale und emotionale Einflüsse.

Außerdem prüfst du dein Wissen über Lernumgebungen, verschiedene Lerntheorien vom Behaviorismus bis zum Konstruktivismus.

Richtig oder falsch?

590) Lernen wird aus psychologischer Sicht als Verhaltensänderung definiert, die relativ dauerhaft ist und durch Erfahrungen zustande kommt.

591) Beim Lernen geht es ausschließlich um den Wissenserwerb, nicht um das Lernen von Verhalten oder Einstellungen.

592) Lernen von Bewegungen und Abläufen erfolgt durch Übung und Koordination motorischer Abläufe.

593) Genetisch festgelegte Prozesse wie der Stimmbruch in der Pubertät werden als Lernprozesse bezeichnet.

594) Die fünf Sinnesorgane eines Menschen vermitteln einen ganzheitlichen Eindruck von der Umwelt und sind die Grundvoraussetzung für das Lernen.

595) Das Gehirn kann pro Sekunde etwa 1.000 Reize verarbeiten.

596) Wahrnehmung ist ein individueller Lernprozess, der abhängig von Erfahrungen und Übung ist.

597) Unter Kognitionen versteht man Vorgänge, durch die ein Individuum Kenntnis aus, über und von seiner Umwelt erlangt.

598) Beim Informationsverarbeitungsansatz geht man davon aus, dass Informationen intern verarbeitet und gespeichert werden.

599) Der ökologische Ansatz bewertet die geistige Leistung eines Individuums höher als die Analyse der Umwelt.

600) Reifung des Menschen und Lernen stehen in einer wechselseitigen Verbindung im Prozess der Sozialisation.

601) Das Gehirn selektiert aus einem Überangebot von ca. 10.000 Reizen pro Sekunde die wichtigsten Informationen.

602) Lernen kann auf verschiedenen Ebenen gleichzeitig erfolgen, weshalb sich die einzelnen Lernebenen nicht scharf voneinander trennen lassen.

603) Für das Lernen muss eine positive emotionale Beziehung geweckt werden.

604) Das Gehirn lernt nur dann, wenn es bewusst dazu angeregt wird.

605) Das Gehirn ist zum Lösen von Problemen optimiert.

606) Kinder lernen immer das, was Lehrer und Eltern für wichtig halten.

607) Das Gehirn besteht aus etwa zehn bis hundert Milliarden Nervenzellen.

608) Die Anzahl der Gehirnzellen ist entscheidend für die Gedächtnisleistung.

609) Eine Nervenzelle kann bis zu 10.000 Verknüpfungen mit anderen Nervenzellen haben.

610) Verknüpfungen im Gehirn entwickeln sich nur bis zum 18. Lebensjahr.

611) Jedes Gehirn entwickelt sich je nach Nutzung unterschiedlich.

612) Das Gehirn organisiert sich selbst und hat Areale für bestimmte Funktionen.

613) Das Gehirn kann zwischen Vorstellung und Wirklichkeit unterscheiden.

614) Entspannungstechniken wie autogenes Training funktionieren, weil die Vorstellung von Entspannung echte Entspannung im Körper erzeugt.

615) Je mehr Assoziationen ein Begriff hervorruft, umso fester ist er im Gehirn verankert.

616) Der Hippocampus ist primär für Gedächtnisbildung und räumliche Verarbeitung zuständig.

617) Bei positiven Emotionen wird Lernstoff mit vorhandenem Wissen in Verbindung gebracht.

618) Negative Emotionen wie Stress und Angst fördern das Abspeichern von Informationen.

619) Das Langzeitgedächtnis stellt den eigentlichen Wissensspeicher dar.

620) Informationen im Langzeitgedächtnis gehen in der Regel wieder verloren.

621) Aktives Wissen bezeichnet Informationen, die schnell abgerufen werden können.

622) Passives Wissen umfasst alles, was einmal gelernt wurde, aber nicht mehr aktiv genutzt wird.

623) Spiegelneuronen sind das entscheidende Bindeglied zwischen Beobachtung und eigenständiger Ausführung.

624) Der Hippocampus ist hauptsächlich für das Lernen von Bewegungsabläufen zuständig.

625) Experimente ohne Alltagsbezug ergeben nach Spitzer keinen Sinn.

626) Der Mandelkern bereitet bei Abruf von Informationen den Körper auf Kampf und Flucht vor.

627) Häufige Erfahrungen werden durch mehr Neuronen repräsentiert als seltene.

628) Wiederholung kann helfen, neues Wissen zu strukturieren und zu verankern.

629) Eine zu hohe Reizdichte im Tagesablauf fördert die komplexe Verschaltung von neuronalen Netzwerken.

630) Lernen setzt in der Regel ein bestimmtes Mindestmaß an Motivation voraus.

631) Bei intrinsischer Motivation stimmen Handlung und Zweck der Handlung überein.

632) Extrinsische Motivation bedeutet, dass eine Handlung mit der Erwartung äußerer Belohnung ausgeführt wird.

633) Menschen mit Misserfolgsmotivation setzen sich realistische Ziele, um Erfolg zu haben.

634) Neugier ist eine Triebfeder der intrinsischen Motivation und wird als biologisches Grundbedürfnis angesehen.

635) Die Emotionen Freude und Überraschung haben einen lernhemmenden Einfluss auf die Motivation.

636) Menschen mit Erfolgsmotivation haben realistischere Ziele und strengen sich mehr an, um diese zu erreichen.

637) Das Lernen von Kindern, Jugendlichen und jungen Erwachsenen ist an individuelle Erfahrungen gebunden.

638) Heranwachsende lernen besser, wenn Inhalt und Situation mit Emotionen verknüpft sind.

639) Lehrende haben die primäre Aufgabe der Wissensvermittlung.

640) Eine „fehlerfreundliche" Atmosphäre ist wichtig für das Lernen von Kindern, Jugendlichen und jungen Erwachsenen.

641) Eine Lernumgebung kann in die drei Aspekte Zeit, Raum und Aktivität eingeteilt werden.

642) Rituale vereinfachen und strukturieren den Alltag, da sie immer gleich ablaufen.

643) Begrüßungen schaffen Vertrauen und zeigen Interesse sowie Wertschätzung gegenüber der Individualität.

644) Mahlzeiten sind unwichtige Elemente im Tagesablauf und haben keinen pädagogischen Wert.

645) Morgenkreise ermöglichen es Heranwachsenden, gemeinsam den Tag zu planen und sich zu organisieren.

646) Dienste werden nur von pädagogischen Fachkräften übernommen, nicht von den Heranwachsenden.

647) Der Raum dient in der pädagogischen Arbeit als Werkstatt und Kommunikationsraum.

648) Räume sollen ausschließlich physiologische Bedürfnisse erfüllen.

649) Räume sollen Begegnungen ermöglichen und die Kommunikation untereinander fördern.

650) Jeder Beteiligte sollte in die Raumgestaltung einbezogen werden.

651) Bildungsangebote können nur als geschlossene Angebote durchgeführt werden.

652) Bei teiloffenen Angeboten können auch weitere Teilnehmer über die primär angesprochene Gruppe hinaus teilnehmen.

653) Offene Angebote ermöglichen es Kindern, Jugendlichen und jungen Erwachsenen, sich selbstständig auszuprobieren.

654) Die Bestandteile der Planung von Bildungsangeboten stehen in einem sensiblen Wirkungsverhältnis zueinander.

655) Angebote und Themen wecken nur dann Neugier, wenn sie theoretisch und abstrakt sind.

656) Rituale können alters- und situationsangemessen im Laufe des Lebens verändert werden.

657) Der Behaviorismus ist die älteste Lerntheorie.

658) Beim Behaviorismus findet Lernen durch den Erwerb von Zusammenhängen (Assoziationen) statt.

659) Die klassische Konditionierung nach Pawlow beschreibt das Erlernen eines Zusammenhangs zwischen zwei Reizen.

660) Bei der operanten Konditionierung nach Skinner findet Lernen durch eine Verbindung von Verhaltensweisen und Konsequenzen statt.

661) Erlernte Bedeutungen von Reizen können wieder „gelöscht" oder verlernt werden.

662) Die Bedeutung einer Konsequenz hängt immer von den Bedürfnissen und Interessen einer Person ab.

663) Das Reiz-Reaktions-Modell berücksichtigt die Selbststeuerung des Individuums angemessen.

664) Bei kognitiven Lerntheorien rückt die innere Repräsentation der Konsequenzen in den Vordergrund.

665) Kognitives Lernen findet durch schlussfolgernde Prozesse wie Einsicht und Wissenserwerb statt.

666) Das Lernen durch Einsicht lässt sich erzwingen, wenn man genügend Druck ausübt.

667) Sozial-kognitives Lernen nach Bandura findet im Kontext der sozialen Umwelt statt.

668) Modelllernen wird begünstigt, wenn die nachgeahmte Person Macht hat oder Erfolg hat.

669) Beim Konstruktivismus nehmen Menschen Umweltreize objektiv und neutral wahr.

670) Nach dem Konstruktivismus konstruiert sich jeder Mensch seine eigene Wirklichkeit.

671) Beim Lernen werden neue Informationen fortlaufend in das bestehende Wissen integriert.

672) Widersprüchliche Informationen führen zu Irritationen und Verunsicherung.

673) Das Gehirn bildet äußere Realitäten ab wie ein Foto.

674) Es kann nur das verstanden werden, was sich mit bereits vorhandenem Wissen verbinden lässt.

675) Die Konstruktionsprozesse sind bei allen Menschen gleich.

676) Lernen kann man erzwingen, wenn man die richtigen Methoden anwendet.

Bildungsbereiche

Hier werden deine Kenntnisse zur Planung und Durchführung von Bildungsangeboten geprüft. Die Aussagen umfassen didaktische Grundlagen, die Analyse von Zielgruppen und Inhalten, sowie die Formulierung von Zielen nach der SMART-Formel. Du testest dein Wissen über methodisch-didaktische Prinzipien, verschiedene Phasen von Bildungsangeboten und die professionelle Gestaltung von Lernprozessen.

Richtig oder falsch?

677) Aktivität ist ein Grundbedürfnis des Menschen in jeder Altersstufe.

678) Kinder, Jugendliche und junge Erwachsene sind passive Lerner und benötigen ständige Anleitung.

679) Pädagogische Fachkräfte können als kompetente Entwicklungsbegleiter gezielte Lern- und Bildungserfahrungen ermöglichen.

680) Pädagogische Angebote bewirken eine Strukturierung des Tages und die Entwicklung von Gewohnheiten und Ritualen.

681) Bildung wird als Fremdbildung durch pädagogische Fachkräfte verstanden.

682) Pädagogische Angebote führen zu vielfältigen Lernerfahrungen und zur Steigerung der Lebensqualität.

683) Heranwachsende haben durch Selbstbildungsprozesse den Hauptanteil daran, dass sie etwas lernen.

684) Aushänge am „Schwarzen Brett" wirken auf andere Kinder motivierend, beim nächsten Mal dabei zu sein.

685) Aufführungen sind eine Möglichkeit zur Dokumentation und Präsentation des gemeinsam Erlebten.

686) Portfolios machen den individuellen Entwicklungsprozess der einzelnen Kinder deutlich.

687) Persönliches Feedback ermöglicht spontane Äußerungen, die nach längerem Nachdenken anders ausfallen würden.

688) Bei schriftlichem Feedback ist eine spontane Erwiderung bzw. Rückfrage möglich.

689) Die Selbstreflexion der pädagogischen Fachkraft im Anschluss an das Angebot ist besonders wichtig.

690) Der Austausch im Team kann beim konstruktiven Umgang mit Kritik hilfreich sein.

691) Rollenspiele können helfen, die eigene Kritikfähigkeit und Selbstreflexion zu trainieren.

692) Ästhetische Bildung nimmt in der aktuellen fachlichen Diskussion einen geringen Stellenwert ein.

693) Ästhetische Bildung entwickelt schöpferische Kräfte zur Bildung von Vertrauen in eigene Problemlösestrategien.

694) Ästhetische Bildung umfasst nur die Auseinandersetzung mit Kunstobjekten.

695) Ästhetische Wahrnehmung setzt sich aus sinnlicher Erfahrung und emotionaler Wahrnehmung zusammen.

696) Emotionale Wahrnehmung meint das Wahrnehmen von Beziehungen zwischen Personen oder einer Person und ihrer Umwelt.

697) Ästhetische Wahrnehmungen sind nur an bestimmte Gegenstände gebunden, die als Kunst gelten.

698) Comics, Popmusik und Computerspiele können ästhetische Erfahrungen ermöglichen.

699) Die primäre Aufgabe der Pädagogik ist es, „ästhetische Objekte" herzustellen.

700) Muße ist eine wichtige Voraussetzung für ästhetische Erfahrungen.

701) Bei ästhetischer Tätigkeit wird eine Idee um eines Resultates willen verfolgt.

702) Ästhetische Tätigkeit ermöglicht die Artikulation von inneren Bildern und Erlebnissen.

703) Ästhetisches Erleben ist immer auch ein sozialer Prozess.

704) Ästhetische Erziehung und ästhetische Bildung sind identische Begriffe.

705) Ästhetische Erziehung bezeichnet gezielt geplante ästhetische Bildungsangebote.

706) Ästhetische Bildung ist ein lebenslanger Bildungsprozess.

707) Die vier Grundkomponenten ästhetischer Bildung sind Fingerfertigkeiten, Selbstaufmerksamkeit, Alphabetisierung und Sprache.

708) Das Kritzelstadium beginnt bereits ab 12 bis 18 Monaten.

709) In der Vorschemaphase können Kinder bereits bewusst Dinge und Erlebnisse darstellen.

710) Die Schemaphase findet etwa zwischen 5 und 7 Jahren statt.

711) In der späten Kindheit wächst das Bedürfnis des Kindes, die Umwelt realistisch darzustellen.

712) Das klassische Thema der Jugendphase (11-14 Jahre) ist das Selbstbildnis.

713) Digitale Möglichkeiten wie Foto und Film haben keinen Stellenwert in der Lebenswelt der Heranwachsenden.

714) Ästhetische Bildung fördert nur die Fachkompetenz.

715) Durch ästhetische Bildung können Erfahrungen durch gestalterische Methoden zum Ausdruck gebracht werden.

716) Künstlerisches Gestalten kann als Anlass zur Kommunikation dienen.

717) Pädagogische Fachkräfte sollten sich nicht mit ihrer eigenen ästhetischen Biografie auseinandersetzen.

718) Projekte sollten ganzheitlich ausgerichtet sein, um bereichsübergreifend arbeiten zu können.

719) Angebote sollten nicht offen für Nebenwege und Überraschungen sein.

720) Jedes von einem Menschen geschaffene Bild ist so gut und richtig, wie es ist und bedarf keiner Korrektur.

721) Das Bedürfnis, ein eigenes Werk zu erklären, entspringt dem Menschen, der es hergestellt hat.

722) Sinnliche Wahrnehmung ist eine notwendige Vorbedingung für ästhetische Erfahrung.

723) Materialien können in der freien Arbeit die Fantasie und den Schaffensdrang beflügeln.

724) Ausflüge bieten kein Spektrum an Erfahrungsmöglichkeiten für ästhetische Bildung.

725) Naturerfahrungen fördern den Forschergeist und den Spaß an der Gestaltung.

726) Kunst- und Werkbetrachtungen können Kinder zu eigenem bildnerischem Tun anregen.

727) Bücher bieten ein unendliches Spektrum an Themen für ästhetische Bildung.

728) Zeichnen eignet sich nicht dazu, die umgebende Welt genau wahrzunehmen.

729) Collagen sind Arbeiten, bei denen verschiedene Materialien und Verfahren kombiniert werden.

730) Beim Hochdruck werden Bildelemente, die im Bild weiß bleiben sollen, herausgeschnitten.

731) Ästhetische Bildung verfolgt das Ziel, die eigenen schöpferischen Kräfte zur Bildung von Vertrauen in eigene Problemlösestrategien zu entwickeln.

732) Ästhetische Wahrnehmung setzt sich nur aus der sinnlichen Erfahrung über unsere Sinnessysteme zusammen.

733) Ästhetische Wahrnehmungen sind nur an Gegenstände gebunden, die als Kunst gelten.

734) Comics und Computerspiele können ästhetische Erfahrungen ermöglichen.

735) Die primäre Aufgabe der Pädagogik ist es, „ästhetische Objekte" herzustellen oder von den Kindern herstellen zu lassen.

736) Muße ist eine wichtige Voraussetzung für ästhetische Erfahrungen und erfordert einen Abstand zu den Bedingungen und Zwängen des Alltags.

737) Bei ästhetischen Tätigkeiten wird eine Idee um eines bestimmten Resultates willen verfolgt.

738) Ästhetische Bildung und ästhetische Erziehung sind völlig unterschiedliche Begriffe und haben nichts miteinander zu tun.

739) Unter ästhetischer Erziehung versteht man gezielt geplante ästhetische Bildungsangebote.

740) Fingerfertigkeiten gehören zu den vier Grundkomponenten ästhetischer Bildung.

741) Das Kritzelstadium erstreckt sich von ca. 1 bis 3½ Jahren.

742) In der Vorschemaphase entwickeln Kinder eine erste Formensprache mit erkennbaren menschlichen Darstellungen.

743) Die Schemaphase beginnt frühestens ab dem 9. Lebensjahr.

744) In der späten Kindheit wächst das Bedürfnis des Kindes, die Umwelt realistisch darzustellen.

745) Jugendliche sollten keine digitalen Möglichkeiten wie Foto und Film in der pädagogischen Praxis nutzen.

746) Ästhetische Bildung fördert nur die Fachkompetenz von Kindern.

747) Sozialkompetenz wird durch künstlerisches Gestalten als Anlass zur Kommunikation gefördert.

748) Pädagogische Fachkräfte sollten sich nicht mit ihrer eigenen ästhetischen Biografie auseinandersetzen.

749) Projekte sollten stets offen für Nebenwege und Überraschungen sein.

750) Jedes Bild, jede Plastik und jedes Objekt, die von einem Menschen geschaffen wurden, sind so gut und richtig, wie sie sind und bedürfen keiner Korrektur.

751) Nur die pädagogische Fachkraft sollte Kunstwerke erklären, nicht die Kinder selbst.

752) Materialien können als Ausgangspunkt für ästhetische Erfahrungen in der freien Arbeit dienen.

753) Sinneserfahrungen fördern den Forschergeist von Kindern und den Spaß an der Gestaltung.

754) Flächiges Gestalten umfasst nur das Zeichnen mit Bleistiften.

755) Collagen sind Arbeiten, bei denen verschiedene Materialien und Verfahren kombiniert werden.

756) Hochdruck bedeutet, dass Bildelemente, die im Bild weiß bleiben sollen, herausgeschnitten werden.

757) Tiefdruck wird in pädagogischen Zusammenhängen häufig verwendet, da er einfach durchzuführen ist.

758) Modellieren gehört zum räumlichen Gestalten und verwendet weiche Werkstoffe.

759) Skulptieren bedeutet die Veränderung härterer Werkstoffe durch Ritzen, Kerben oder Schnitzen.

760) Beim Bauen und Montieren werden bereits vorhandene Elemente zu plastischen Gebilden zusammengefügt.

761) Ästhetisches Erleben ist ausschließlich ein individueller Prozess ohne soziale Komponente.

762) Selbstaufmerksamkeit als Grundkomponente ästhetischer Bildung bezieht sich auf die Konzentration auf die eigene Sinnestätigkeit.

763) Alphabetisierung im Kontext ästhetischer Bildung meint Kenntnisse über Herkünfte, Bedeutungen und soziale Funktionen von ästhetischen Produkten.

764) Musik ist ein wichtiger Bestandteil jeder Kultur und Menschen haben seit jeher das Bedürfnis, mit Lauten, Klängen und Geräuschen zu spielen.

765) Die elementaren musikalischen Aktivitäten sind Hören, Vokalisation und Singen sowie Bewegung.

766) Rhythmik ist eine Methode der Musikpädagogik, die nur Musik und Bewegung verwendet.

767) Musikalität ist eine Frage von besonderer Begabung und nicht der frühen Förderung.

768) Das auditive Wahrnehmungssystem entwickelt sich bereits zwischen der 24. und 26. Schwangerschaftswoche.

769) Der Fetus kann nur den Herzschlag der Mutter hören, aber keine äußeren Geräusche wahrnehmen.

770) Das Ohr ist bei der Geburt vollständig entwickelt.

771) Vokalisation umfasst sowohl das Singen als auch das Sprechen mit all ihren vielseitigen Formen.

772) Sprechen dient der Kooperation im Alltag und speziell der Informationsweitergabe.

773) Singen erfordert immer spezielle Fertigkeiten und Materialien.

774) Wenn ein Kind sein Stimmpotenzial nicht regelmäßig nutzt, kann das Singen beeinträchtigt werden.

775) Singen sollte niemals freiwillig sein, sondern immer verpflichtend durchgeführt werden.

776) In der 1. Stufe der musikalischen Entwicklung koordinieren Säuglinge Hören, Vokalisieren und Bewegung, um Empfindungen zu signalisieren.

777) In der 2. Stufe entstehen verschobene Nachahmung, Rituale und ausgedehntes Vokalspiel.

778) In der 3. Stufe können Kinder bereits zwischen Singen und Sprechen unterscheiden.

779) In der 4. Stufe ahmen Kinder kurze Melodien und Lieder genau nach, meist ohne die sprachlich-musikalische Bedeutung zu verstehen.

780) Ab dem zweiten Lebensjahr ist Singen meist von Bewegungen begleitet.

781) In der 6. Stufe verschwinden Neologismen, Mikro-Intervalle und Glissandi.

782) Musik fördert nur die Intelligenz, aber nicht die Konzentration.

783) Durch Musizieren werden nur eine Hirnhälfte aktiviert.

784) Musizieren mit Kindern geht über den Konsum und die Reproduktion hinaus und betont Improvisation und Experimentieren.

785) Musik fördert beide Hirnhemisphären und ist damit förderlich für die Sprachentwicklung.

786) Kinder erleben sich durch Musik nur als Individuen, nicht als Teil eines Ganzen.

787) Musik und Rhythmik fördern die Verbindung zwischen Sinneswahrnehmung und Bewegung.

788) Räumliche Vorstellung und Zählen werden durch Musik und Rhythmik nicht gefördert.

789) Pädagogische Fachkräfte benötigen keine musikalischen Grundkompetenzen für die Arbeit mit Musik und Rhythmik.

790) Für Klein- und Kindergartenkinder sollten Lieder wenige Strophen und eine einfache Melodieführung haben.

791) Pro Silbe sollte ein Melodieton verwendet werden (Syllabik).

792) In der späten Kindheit und Jugend können vermehrt reflexive Auseinandersetzungen mit Liedern angeboten werden.

793) Das rhythmische Prinzip kombiniert nur gleichartige Aktionen oder Polaritäten.

794) Zu den Spielformen der Rhythmik gehören unter anderem Fortbewegungsarten und Instrumentalspiel.

795) Malen nach Musik kann nur zur Entspannung eingesetzt werden.

796) Programmmusik stellt ein Thema in den Mittelpunkt und eignet sich zur gleichzeitigen grafischen Notation.

797) Im ganzheitlichen Entwicklungsprozess des Kindes spielt Bewegung eine herausragende Rolle.

798) Bewegungserziehung findet nur spontan und ungeplant statt.

799) Fast 60% aller Familien mit Kindern unter 14 Jahren haben nur noch ein Kind.

800) Kinder zwischen drei und sieben Jahren verbringen an Werktagen durchschnittlich eine Stunde vor dem Fernseher.

801) Die Verinselung der Kinder bedeutet, dass sie häufig unter der Aufsicht Erwachsener stehen müssen.

802) Aus anthropologischer Sicht ist der Mensch ein Bewegungswesen, das auf Erfahrungen zurückgreift.

803) Die Lernpsychologie betrachtet Bewegung nicht als grundsätzliches Prinzip für kindliches Leben.

804) Die personale Funktion der Bewegung hilft dabei, den eigenen Körper und sich selbst kennenzulernen.

805) Die soziale Funktion der Bewegung umfasst das gemeinsame Handeln mit anderen.

806) Die produktive Funktion bedeutet, selbst etwas zu schaffen oder mit dem eigenen Körper etwas hervorzubringen.

807) Die expressive Funktion ermöglicht es, Gefühle in Bewegung auszudrücken.

808) Die impressive Funktion bezieht sich darauf, Gefühle durch Bewegung zu spüren.

809) Die explorative Funktion hilft dabei, die dingliche und räumliche Umwelt kennenzulernen.

810) Die komparative Funktion ermöglicht es, sich mit anderen zu vergleichen und zu wetteifern.

811) Die adaptive Funktion hilft dabei, Belastungen zu ertragen und die Leistungsfähigkeit zu steigern.

812) Bewegung fördert nur die körperliche Entwicklung, nicht aber andere Bereiche.

813) Durch Bewegung wird nur die Grobmotorik, nicht aber die Feinmotorik gefördert.

814) Hand-Auge-Koordination wird durch Bewegung erlernt.

815) Bewegung spricht alle Sinne und Sinnessysteme an.

816) Bewegungsgeschichten verbinden Sprache und Bewegungen und erleichtern das Erschließen abstrakter Begriffe.

817) Durch Bewegung lernen Kinder nur positive Gefühle kennen, nicht aber den Umgang mit Niederlagen.

818) Bewegung fördert die Merkfähigkeit und Konzentration.

819) Pädagogische Fachkräfte werden von Kindern nicht als Lernmodell wahrgenommen.

820) Pädagogische Fachkräfte sollten sich ihrer eigenen Einstellung bezüglich Körperlichkeit und Bewegung bewusst sein.

821) Bei der Beobachtung können Schwerpunkte auf visuelle, auditive und taktile Wahrnehmung gelegt werden.

822) Vestibuläre Wahrnehmung bezieht sich auf die Gleichgewichtsfähigkeit.

823) Die Zusammenarbeit mit Personensorgeberechtigten ist bei der Bewegungsförderung nicht wichtig.

824) Tägliche, offene Bewegungsaktivitäten erfordern immer einen Kleidungswechsel.

825) Geschlossene Bewegungsangebote dauern in der Regel 30 bis 40 Minuten.

826) Bewegungsangebote sollten trotz Vorplanung offen für situative Bedürfnisse sein.

827) Bewegungslandschaften greifen Anregungen aus der Natur auf und ermöglichen großräumige Bewegungserfahrungen.

828) In Bewegungslandschaften können Kinder nur einmal jede Station ausprobieren.

829) Sich zu bewegen ist ein Grundbedürfnis des Menschen.

830) Ernährung steht im engen Zusammenhang mit dem Bildungsbereich Bewegung.

831) Ausgewogenheit bedeutet, dass etwa drei Viertel der Lebensmittel pflanzlichen Ursprungs sein sollten.

832) Nachhaltig zu essen bedeutet nur, sich selbst und seine Gesundheit zu schützen, nicht aber die Umwelt.

833) Heranwachsende sollten 6 Portionen Getränke pro Tag zu sich nehmen.

834) Die Auswahl von Obst und Gemüse sollte bunt, regional und saisonal erfolgen.

835) Brot, Getreide und Beilagen sollten zur Hälfte aus Vollkornprodukten bestehen.

836) Hochverarbeitete Wurstsorten sollten täglich verzehrt werden.

837) Fette und Öle kommen sparsam zum Einsatz, nur so viel wie nötig ist.

838) Süßgetränke und Süßigkeiten gehören zu den Extras und sollten nur selten angeboten werden.

839) Ernährung strukturiert den pädagogischen Alltag und ist Anlass für Rituale.

840) Pädagogische Fachkräfte müssen ihre eigenen Nahrungsgewohnheiten nicht reflektieren.

841) Angebote aus dem Bereich Ernährung sollten möglichst großen Lebensweltbezug aufweisen.

842) Bei Ernährungsangeboten sollte der Anteil der Reflexion möglichst gering sein.

843) Gesundheit bezeichnet subjektives Wohlbefinden mit dem Empfinden innerer Zufriedenheit und Ausgeglichenheit.

844) Gesundheit bedeutet nur die Abwesenheit von Krankheit im Sinne behandlungsbedürftiger Krankheiten.

845) Das biomedizinische Krankheitsmodell teilt Gesundheit in die beiden Zustände „gesund" oder „krank" auf.

846) Das salutogenetische Gesundheitsmodell betrachtet Gesundheit als Prozess zwischen den Polen „gesund" und „krank".

847) Prävention zielt vorrangig auf die Vermeidung von Krankheiten und gesundheitlichen Belastungen.

848) Gesundheitsförderung beschäftigt sich nur mit Risikofaktoren, nicht mit Schutzfaktoren.

849) Körperliche Ressourcen umfassen genetische Voraussetzungen und immunologische Aspekte.

850) Materielle Ressourcen haben keinen Einfluss auf die Gesundheit.

851) Ein starkes Kohärenzgefühl bedeutet, dass man darauf vertraut, die Anforderungen des Lebens bewältigen zu können.

852) Bei der Körperpflege spielt das Vorbild der pädagogischen Fachkraft keine wichtige Rolle.

853) Folgen von Fehlernährung zeigen sich meist erst später im Lebenslauf.

854) Bewegungsarmut hat nichts mit den Lebensbedingungen in der Gesellschaft zu tun.

855) Im Kindes- und Jugendalter haben psychische Störungen deutlich zugenommen.

856) Pädagogische Fachkräfte haben im Bereich der Gesundheitserziehung nur eine Aufgabe: die Vorbildfunktion.

857) Pädagogische Fachkräfte sollten ihre eigenen Werte und Überzeugungen nicht reflektieren.

858) Die wertschätzende Haltung der pädagogischen Fachkraft ist die Basis für das Gelingen der pädagogischen Arbeit.

859) Drohungen und abschreckendes Verhalten wirken sich günstig auf die Gesundheitsförderung aus.

860) Bei der Gesundheitsberatung sollten Aufforderungen und Ratschläge im Vordergrund stehen.

861) Es ist wichtig, den kulturellen Hintergrund des Kindes und seiner Familie zu verstehen.

862) Gesundheitsbildung sollte nur in einzelnen Bildungsangeboten stattfinden, nicht im Alltag.

863) Das Wahrnehmen und Akzeptieren des eigenen Körpers ist wichtig für die Herausbildung eines Körperbildes.

864) Gesundheitsförderung beschränkt sich nur auf körperliche Gesundheitsfaktoren.

865) Bildungsangebote zur Gesundheitsförderung können sich auf Körpererfahrung und Entspannung beziehen.

866) Kommunikation und Interaktion gehören nicht zu den Bildungsangeboten der Gesundheitsförderung.

867) Rollenspiele können zur Konfliktlösung eingesetzt werden.

868) Gesundheitsberatung bezieht sich nur auf Angebote für Kinder, nicht für Eltern oder Fachpersonal.

869) Supervision für Fachpersonal ist eine Form der Gesundheitsberatung.

870) Der Begriff Religion bezeichnet nur die Beziehung zu einer Kirche.

871) Gesellschaft meint die Verbindung von Menschen in einem gleichen Lebenszusammenhang.

872) Die Ethik versucht Antworten auf die Frage nach dem richtigen Handeln zu finden.

873) Religion ist grundsätzlich als privat zu betrachten und sollte nie in öffentliche Erziehung eingebunden werden.

874) Werte sind die Grundlagen für Normen.

875) Die Welt der Kinder, Jugendlichen und jungen Erwachsenen hat sich nicht pluralisiert.

876) Religion bezeichnet die Beziehung eines Menschen zu einer Macht außerhalb seiner selbst und der Welt.

877) Gesellschaft meint ausschließlich die Verbindung von Menschen in einem gleichen Lebenszusammenhang.

878) Die Ethik versucht Antworten auf die Frage nach dem richtigen Handeln zu finden.

879) Religion ist immer gleichgesetzt mit privatem Glauben.

880) Die Bildungsbereiche Religion, Gesellschaft und Ethik ähneln sich in den Grundgesten des Fragens.

881) Werte sind die Grundlagen für Normen.

882) Materielle Werte umfassen beispielsweise Treue und Gerechtigkeit.

883) Normen sind Verhaltensweisen, die von einer Gruppe anerkannt werden.

884) Die Werte und Normen einer Gesellschaft bilden die Moral dieser Gesellschaft ab.

885) Die Welt der Kinder hat sich nur im Bereich ethischer Theorien pluralisiert.

886) Ein Ziel ist es, Differenz zu erfahren und auszuhalten.

887) Konflikte selbst sind das Hauptproblem im Zusammenleben.

888) Kinder sollen Maßstäbe für „Richtig" und „Falsch" erlernen.

889) Erziehung ist niemals subjektiv beeinflusst.

890) Pädagogische Fachkräfte sollen die Wertevielfalt der pluralistischen Gesellschaft erlebbar machen.

891) Bildungsarbeit in diesem Bereich braucht den persönlichen Bezug zum Glauben der pädagogischen Fachkraft.

892) Pädagogische Fachkräfte müssen sich nicht mit religiösen Inhalten auseinandersetzen, bevor sie diese vermitteln.

893) Die Reflexion der eigenen religiösen Bildungsbiografie ist für pädagogische Fachkräfte wichtig.

894) Eine weltoffene Grundhaltung gegenüber Pluralität ist für pädagogische Fachkräfte entscheidend.

895) Zuhören können ist eine Basiskompetenz der pädagogischen Fachkraft.

896) Symbole und Rituale strukturieren und ordnen das Leben.

897) Bei der Anwendung von Ritualen sollte der ursprüngliche Sinn vermittelt werden.

898) Religiöse Feste sollen nur die christliche Tradition abbilden.

899) Werteerziehung beinhaltet die Auseinandersetzung mit vorhandenen Werten.

900) Demokratische Verhaltensweisen werden nur im Bereich Gesellschaft eingeübt.

901) Im Bereich Religion werden gleiche Rechte für alle vom Gottes- und Menschenverständnis abgeleitet.

902) Das Erntedankfest ist ein Beispiel für ein religiöses Fest in pädagogischen Einrichtungen.

903) Medien sind ein Kommunikationsmittel und transportieren Informationen.

904) Massenmedien ermöglichen nur Individualkommunikation.

905) Medien bedeuten ausschließlich Konsum ohne Interaktion.

906) Medien sind Kulturprodukte, die von einer Kultur geprägt werden.

907) Mediengeschichte ist gleichzeitig Menschheits-, Kultur- und Technologiegeschichte.

908) Auditive Medien umfassen beispielsweise Musik-CDs und Podcasts.

909) Visuelle Medien schließen nur Printmedien wie Bücher ein.

910) Audiovisuelle Medien beinhalten Film, Fernsehen und Video.

911) Repräsentationsmedien dienen ausschließlich der Information.

912) Zeitunabhängige Medien umfassen Zeitungen und Fotografien.

913) Primäre Medien benötigen technische Hilfsmittel für die Kommunikation.

914) Bei tertiären Medien verwenden beide Kommunikationspartner technische Hilfsmittel.

915) Medienpädagogik ist ein Teilgebiet der Pädagogik.

916) Das zentrale Ziel der Medienpädagogik ist es, Medienkompetenz zu vermitteln.

917) Dieter Baacke unterscheidet drei Arbeitsfelder zur Entwicklung von Medienkompetenz.

918) Mediengestaltung beinhaltet die Planung und Produktion von Medien.

919) Medienkunde vermittelt nur technisches Wissen über Medien.

920) Strukturelle Medienkritik ist nur für jüngere Kinder geeignet.

921) Das Stimulus-Response-Modell wird als vorwissenschaftliches Modell angesehen.

922) Das Modell der Meinungsführerschaft erklärt alle Medienwirkungen vollständig.

923) Die Agenda-Setting-Theorie besagt, dass Medien bestimmen, womit sich Menschen beschäftigen.

924) Die Wissensklufthypothese geht von einer verringerten Wissenskluft durch Medien aus.

925) Der Nutzen- und Belohnungsansatz geht von einem passiven Mediennutzer aus.

926) Bewahrpädagogische Ansätze sehen den Konsumenten als aktiv an.

927) Medienkompetenz gilt als Kulturtechnik wie Lesen und Schreiben.

928) Medien strukturieren ausschließlich den Tagesablauf von Erwachsenen.

929) Medien können zur Stimmungsregulation eingesetzt werden.

930) Besitz von Medientechnik wird nie als Statussymbol verstanden.

931) Kommunikative Kompetenz erfordert Verständnis allgemein verbreiteter Symbole.

932) Sinnverstehen erfordert die Fähigkeit, sich in andere hineinzuversetzen.

933) Kognitive Kompetenz umfasst das Verstehen von Erzählschemata.

934) Emotionale Kompetenz entwickelt sich bei allen Kindern gleichzeitig.

935) Audiovisuelle Medien sollten vor dem dritten Lebensjahr verwendet werden.

936) Der Einsatz des Computers macht vor dem fünften Lebensjahr keinen Sinn.

937) Bilderbücher können schon sehr früh eingesetzt werden.

938) Pädagogische Fachkräfte müssen umfassendes technisches Wissen haben.

939) Die Kernaufgabe ist es, Mediengespräche zu eröffnen und Ansprechpartner zu sein.

940) Medienkompetenz erwächst nur aus sporadischem Umgang mit Medien.

941) Medienpädagogische Angebote können in Form von Routinen und Projekten verwirklicht werden.

942) Orientierungswissen umfasst nur Wissen über Medientechnik.

943) Der Mensch ist von Geburt an fähig, Sprachen zu lernen.

944) Die Fähigkeit, Sprache zu verstehen und zu produzieren, ist im menschlichen Gehirn angelegt.

945) Sprachliche Fähigkeiten entwickeln sich automatisch von selbst.

946) Kinder erwerben Sprache in einer komplexen Auseinandersetzung mit ihrer Umwelt.

947) Sprache ermöglicht nur Kommunikation.

948) Sprache schafft Bewusstsein und strukturiert das Denken.

949) Die ersten Lebensjahre sind für die Sprachentwicklung entscheidend.

950) Nach der frühen Kindheit verläuft der Spracherwerb genauso leicht wie im Kindergartenalter.

951) In Deutschland wächst ca. jedes dritte Kind mehrsprachig auf.

952) Bei monolingualem Erstspracherwerb erschließt sich ein Kind die Grundlagen seiner Erstsprache innerhalb der ersten drei bis vier Lebensjahre.

953) Kinder sind mit dem gleichzeitigen Erwerb mehrerer Sprachen überfordert.

954) Sprachmischungen zeugen von der Kompetenz, Lücken in einer Sprache durch Wissen in einer anderen zu schließen.

955) Mehrsprachig aufwachsende Kinder entwickeln alle Sprachen gleich schnell.

956) Code-Switching wird in der Gleichaltrigengruppe zur Kommunikation genutzt.

957) Arbeitsteilige Sprachverwendung bedeutet, dass Erlebnisse im Gedächtnis an die Umgebungssprache gebunden sind.

958) Frühkindlicher Zweitspracherwerb beginnt regelmäßig um das 8.-5. Lebensjahr.

959) Kinder erwerben eine zweite Sprache mit denselben Strategien wie die Erstsprache.

960) Beim Zweitspracherwerb geht aktives Sprechen dem Sprachverständnis voraus.

961) Nach der Pubertät ist das Erlernen neuer Sprachen bewusster, aber mühsamer.

962) Echte Einsprachigkeit gibt es nicht.

963) Menschen unterscheiden nur zwischen Standardsprache und Dialekt.

964) Die phonetische Ebene umfasst Sprechbewegungen und Betonungsmuster.

965) Sprachentwicklungsprozesse beginnen erst nach der Geburt.

966) Die phonologische Ebene umfasst das Hören und Unterscheiden von Lauten.

967) Der passive Wortschatz ist kleiner als der aktive Wortschatz.

968) Grundsätzlich versteht das Kind mehr, als dass es Wörter aktiv gebraucht.

969) Die syntaktische Ebene umfasst die Fähigkeit, Wörter in Sätze zusammenzustellen.

970) Die Aneignung der Grammatik erfolgt hauptsächlich nach dem vierten Lebensjahr.

971) Die pragmatisch-kommunikative Ebene ist die wichtigste Funktion für den Austausch mit anderen.

972) Kindliche Äußerungen wie „Der hat mich gezungt!" zeigen Fehlverständnisse der Grammatik.

973) Kinder zerlegen Äußerungen zunächst mithilfe von Betonungsmustern.

974) Die Gewöhnung an rhythmisch-melodische Eigenschaften setzt erst nach der Geburt ein.

975) Fast Mapping ist die Fähigkeit, neue Wörter aus dem Kontext zu verstehen.

976) Mit sechs Jahren haben Kinder einen aktiven Grundwortschatz von ca. 5000 Wörtern.

977) Kinder bauen Satzstrukturen von links nach rechts auf.

978) Die meisten Kinder beherrschen Nebensätze erst mit drei bis vier Jahren.

979) Meilenstein I der Sprachentwicklung umfasst Einwortäußerungen mit ca. 1-1,5 Jahren.

980) Erste Wortkombinationen treten bereits mit ca. 1 Jahr auf.

981) Meilenstein III umfasst erste einfache Hauptsätze mit ca. 2-2,5 Jahren.

982) Haupt- und Nebensatzkombinationen entwickeln sich mit ca. 3-4 Jahren.

983) Sprachentwicklungsstörungen zeigen sich nur in der Erstsprache.

984) Pädagogische Fachkräfte sollen das Sprachselbstbewusstsein erweitern.

985) Handlungsbegleitendes Sprechen sollte vermieden werden.

986) Modellierungstechniken umfassen indirekte Korrektur und Ermutigung.

987) Sprachförderung sollte nur auf einzelne Bildungsangebote beschränkt sein.

988) Rollenspiele können zur Sprachentwicklung beitragen.

989) Literacy-Erziehung trägt nicht zur Sprachentwicklung bei.

990) Literacy beschreibt nur die Grundfertigkeiten des Lesens und Schreibens.

991) Funktionale Literacy ist die Fähigkeit, geschriebene Texte zu verstehen und zu nutzen.

992) Zu Beginn des 20. Jahrhunderts wurde von einem literalen Menschen nur erwartet, dass er seinen Namen schreiben konnte.

993) Der Prozess des Schrifterwerbs beginnt erst in der Schule.

994) Beim Literacy-Erwerb geht es zunächst um den Erwerb von Schriftsprache.

995) Kinder erkennen allmählich, wie Schrift gesprochene Sprache kodiert.

996) Mit Schuleintritt können Kinder sofort Wörter in ihrer Ganzheit erfassen.

997) Das Arbeitsgedächtnis ist beim Buchstaben-Lesen extrem gefordert.

998) Die Automatisierung der Lesefähigkeit entwickelt sich bei allen Kindern gleich schnell.

999) Sicheres und sinnentnehmendes Lesen ist eine Schlüsselkompetenz für den Bildungserfolg.

1000) Die Entwicklung des Schreibens beginnt erst mit der Schule.

1001) Kinder schließen immer eine Schreibphase ab, bevor sie in die nächste kommen.

1002) Auf der Kritzelstufe kann man bereits eine erdachte Linie erkennen.

1003) Die Schreibrichtung von links nach rechts wird bei deutscher Sprache schon früh gewählt.

1004) Einzelne Buchstaben werden ab ca. 3 bis 4 Jahren geschrieben.

1005) In der logografischen Phase erkennen Kinder, dass Wörter durch Buchstabenfolgen gebildet werden.

1006) Im halbphonetischen Stadium erkennen Kinder, dass Buchstaben sichtbare Zeichen für Laute sind.

1007) Das phonetische Stadium beginnt vor dem Schuleintritt.

1008) Literacy ist gleichzeitig Grundvoraussetzung und Chance für gesellschaftliche Teilhabe.

1009) Literacy-Erziehung zielt nur auf den Erwerb von Lesefreude ab.

1010) Es ist sinnvoll, Kindergartenkindern das Lesen und Schreiben beizubringen.

1011) Kindergartenkinder sollen von Text und Schrift umgeben sein.

1012) Die kognitive Grundfähigkeit kann bereits im Kindergarten gefördert werden.

1013) Lesefertigkeit und Lernstrategien kommen erst in der Schule hinzu.

1014) Pädagogische Fachkräfte sollten ihre eigene Einstellung zum Lesen nicht reflektieren.

1015) Bücher sollten auch in Herkunftssprachen der Kinder angeboten werden.

1016) Das phonologische Bewusstsein umfasst die Fähigkeit, Wörter in Silben zu gliedern.

1017) Der Mensch gehört wie jedes Lebewesen zur Natur.

1018) Der Mensch lebt heute noch vollständig in Einklang mit der Natur.

1019) Natur- und Umweltbildung widmet sich nur naturwissenschaftlichen Fragestellungen.

1020) Nachhaltigkeit bedeutet, dass nachwachsende Rohstoffe nur in dem Maß verbraucht werden dürfen, wie sie sich regenerieren können.

1021) Umweltbewusstsein beinhaltet nur die Komponente Umweltwissen.

1022) Umwelteinstellungen sind emotionale Einstellungen zur Umwelt.

1023) Naturentfremdung gilt als wesentlicher Störfaktor nachhaltiger Entwicklung.

1024) Zunehmende Verhäuslichung der Kindheit führt zu verbessertem Naturkontakt.

1025) Medialisierung der kindlichen Erfahrungswelt lässt viel Platz für Naturerfahrungen.

1026) Das „Bambisyndrom" beschreibt die Idealisierung der Natur.

1027) Umweltbildung verbindet unmittelbares Naturerleben mit dem Lernen mit allen Sinnen.

1028) Umwelterziehung fokussiert sich ausschließlich auf emotionales Lernen.

1029) Ökopädagogik zielt auf tief greifende gesellschaftliche Reflexion ab.

1030) Naturerlebnispädagogik will die Liebe zur Natur für späteres schützendes Handeln wecken.

1031) Der Lernort Natur ermöglicht nur kognitive Förderung von Kindern.

1032) Kinder sollen sich als Teil eines Ganzen verstehen und als Naturwesen begreifen.

1033) Sensorische Integration ist die Fähigkeit des Gehirns, Reizempfindungen zu analysieren und einzuordnen.

1034) Pädagogische Fachkräfte haben keine Vorbildfunktion im Umweltbereich.

1035) Fragen sollten abschließend beantwortet werden, um Verwirrung zu vermeiden.

1036) Forschend-entdeckendes Lernen sollte unterstützt werden.

1037) Umweltbewusstsein wird nur auf kognitiver Ebene gefördert.

1038) Beobachten ist eine wichtige Handlungsmethode zur Natur- und Umwelterkundung.

1039) Projektarbeit ermöglicht es, ein Thema unter Einbeziehung verschiedener Methoden zu erschließen.

1040) Learning by Doing ist ein wichtiges Prinzip in der naturpädagogischen Bildungsarbeit.

1041) Partizipation von Kindern ist bei der Projektarbeit unwichtig.

1042) Waldkindergärten sind eine konzeptionelle Weiterentwicklung der Waldtage.

1043) In Waldkindergärten verbringen Kinder nur bei schönem Wetter Zeit im Wald.

1044) Spiel ist eine Bildungsmethode, über die Kinder bewusst oder unbewusst Bildungsinhalte aufnehmen.

1045) Spiel kann verordnet und gelernt werden.

1046) Handlungen verlieren den Spielcharakter, wenn sie als Auftrag ausgeführt werden.

1047) Nach Ralf Oerter besitzt Spiel vier wesentliche Merkmale.

1048) Spiel ist auf die Tätigkeit ausgerichtet und nicht auf eine Wirkung in der Realität.

1049) Spiel wird durch extrinsische Motivation veranlasst.

1050) Wenn das Lustgefühl beim Spielen nachlässt, beendet der Spieler sein Spiel.

1051) Der Spieler schafft sich im Spiel eine neue, imaginäre Realität.

1052) Spiel besteht häufig aus einer lustvollen Wiederholung von Handlungen.

1053) Flow-Erlebnis bedeutet ein Gefühl völliger Vertiefung in eine Tätigkeit.

1054) Rituale im Spiel bewirken Gefühle von Geborgenheit und Sicherheit.

1055) Das Kleinkind beginnt mit Gruppenspielen und entwickelt sich zu Alleinspielen.

1056) Parallelspiel zeigt sich bereits im zweiten Lebensjahr.

1057) Funktionsspiel tritt erst ab dem dritten Lebensjahr auf.

1058) Konstruktionsspiel beginnt etwa ab dem zweiten Lebensjahr.

1059) Symbol- und Rollenspiel entwickelt sich ab dem vierten Lebensjahr.

1060) Regelspiele beginnen ab ca. 3 bis 4 Jahren.

1061) Im Funktionsspiel werden Funktionen des eigenen Körpers und von Gegenständen entdeckt.

1062) Konstruktionsspiel fördert ausschließlich technische Zusammenhänge.

1063) Symbol- und Rollenspiel ermöglicht die Bewältigung von Ängsten oder Konflikten.

1064) Regelspiele enden niemals mit Verlieren und Gewinnen.

1065) Mit zunehmendem Alter nehmen elektrotechnische Spiele eine größere Rolle ein.

1066) Spiel ist als Probehandeln und immer auch Lernen zu sehen.

1067) Im Spiel können Kinder nur ihre eigenen Grenzen erproben.

1068) Spiel ermöglicht selbstbestimmtes Lernen durch Erproben und Wiederholen.

1069) Spiel dient ausschließlich der Gegenwartsbewältigung, nicht der Zukunftsvorbereitung.

1070) Kompromissfähigkeit kann durch Spiel geschult werden.

1071) Für Jugendliche bedeutet Spiel hauptsächlich Entspannung und lustvolles Vertiefen.

1072) Spiel kann teilweise den Charakter eines Hobbys bekommen.

1073) Die Einschränkung des Spielens im Freien ist ein fördernder Einfluss auf das Spiel.

1074) Eine Überfülle von Spielmaterial und Animation hemmt das Spiel.

1075) Ständige Beaufsichtigung fördert die Spielentwicklung.

1076) Das Sicherheitsgefühl des Kindes zu seinen Bezugspersonen beeinflusst das Spiel.

1077) Zeit zum Spielen ist ein wichtiger Einflussfaktor auf das Spiel.

1078) Pädagogische Fachkräfte sollten geschlechtstypische Zuordnungen im Spiel vermeiden.

1079) Vielseitigkeit von Spielmaterial ist wichtiger als Vielzahl.

1080) Naturmaterialien sollten bei Spielmaterial bevorzugt werden.

1081) Freispiel ist eine weniger wirkungsvolle Bildungsform als geleitetes Spiel.

1082) Pädagogische Fachkräfte können nur direkt Einfluss auf das Freispiel nehmen.

1083) Lernangebote für Kleingruppen können während der Freispielzeit unterbreitet werden.

1084) Spielbegrenzungen sind niemals notwendig.

1085) Gelenkte Spiele werden zur Einführung neuer Spiele genutzt.

1086) Bei einem Konflikt zwischen Zweijährigen sollte die Fachkraft immer sofort eingreifen.

1087) Bei Fünfjährigen kann die Fachkraft eher darauf vertrauen, dass sie Konflikte selbst bearbeiten.

1088) Gelenkte Spiele dienen auch der Wiederholung und Erweiterung bekannter Spiele.

1089) Die pädagogische Fachkraft sollte bei neuen Brettspielen immer die Spielregeln erklären.

1090) Emotionalität und Sozialität sind keine grundlegenden Merkmale des Menschen.

1091) Emotionalität beschreibt Inhalte und Verlaufsqualitäten der Gesamtheit der Gefühle eines Individuums.

1092) Sozialität beschreibt die Unabhängigkeit des Menschen von Gemeinschaften und Gruppen.

1093) Bildungsbemühungen im sozio-emotionalen Bereich sind nur in der Kindheit erfolgsversprechend.

1094) Gefühle beeinflussen die Motivation, das Lernen und das Zusammensein mit anderen Menschen.

1095) Emotionale Kompetenz ist die Fähigkeit, nur mit eigenen Gefühlen umgehen zu können.

1096) Emotional kompetente Menschen können vielfältige Gefühle unterscheiden und angemessen ausdrücken.

1097) Nach Carolyn Saarni gibt es acht Schlüsselfähigkeiten der emotionalen Kompetenz.

1098) Körpersignale spüren und zuordnen gehört zur Wahrnehmung eigener Gefühle.

1099) Empathie ist die Fähigkeit, die Perspektive anderer zu übernehmen.

1100) Gefühle können nicht verändert oder kontrolliert werden.

1101) Emotionale Selbstwirksamkeit bedeutet das eigene emotionale Erleben zu akzeptieren.

1102) Soziale Kompetenz wird nur als Durchsetzungsfähigkeit eigener Interessen definiert.

1103) Was als sozial kompetent bewertet wird, hängt von herrschenden Maßstäben der Umgebung ab.

1104) Nach Caldarella und Merrell gibt es fünf Fähigkeitsbereiche der sozialen Kompetenz.

1105) Selbstmanagementkompetenzen beinhalten das Kontrollieren von Ärger.

1106) Säuglinge haben zunächst ein zweipoliges Erleben von negativem Stress und Zufriedenheit.

1107) Basisemotionen entwickeln sich bereits ab dem ersten Lebensmonat.

1108) Komplexere Emotionen wie Stolz und Scham entwickeln sich etwa mit 2 Jahren.

1109) Die Empathie nimmt zwischen dem dritten und fünften Lebensjahr deutlich zu.

1110) Im dritten Lebensjahr kann das Erleben von Gefühlen vom sichtbaren Ausdruck unterschieden werden.

1111) Sicher gebundene Kinder entwickeln eher ein gutes Selbstwertgefühl als unsicher gebundene.

1112) Bindungsmuster sind unveränderbar, wenn sie einmal erworben wurden.

1113) Emotionale und soziale Kompetenz sind Basisfähigkeiten für die Entwicklung von Kindern.

1114) Empathie und Rücksichtnahme gehören zu den Zielen der Entwicklung sozialer Kompetenzen.

1115) Prosoziales Verhalten bedeutet, einer Person auf freiwilliger Basis eine Wohltat zu erweisen.

1116) Projekte für sozial-emotionale Fähigkeiten sind häufiger für ältere Kinder und Jugendliche.

1117) Pädagogische Fachkräfte benötigen Sachkompetenz für die Beobachtung emotionaler Verhaltensweisen.

1118) Die Atmosphäre der Wertschätzung ist unwichtig für die sozio-emotionale Förderung.

1119) Pädagogische Fachkräfte haben eine wichtige Vorbildfunktion im sozio-emotionalen Bereich.

1120) PeRiK ist ein Beobachtungsbogen für positive Entwicklung und Resilienz im Kindergartenalltag.

1121) Das Saarni-Modell kann für die Beobachtung aller acht Schlüsselfertigkeiten genutzt werden.

1122) Die Sinneswahrnehmung bildet keine Basis für die Förderung emotionaler Kompetenz.

1123) Sprachliche Fähigkeiten sind eine wichtige Basis für sozio-emotionale Förderung.

1124) Gefühle-Memory ist ein Beispiel für ein Bildungsangebot zur Wahrnehmung von Gefühlen.

1125) Empathie kann durch Geschichten und Gespräche über Gefühle anderer gefördert werden.

1126) Strategien zur Selbstberuhigung können gemeinsam mit Kindern entwickelt werden.

1127) Faustlos und Papilio sind Beispiele für Programme zur Kompetenzförderung.

1128) Kompetenzförderung kann nur als Hauptthema, nicht in Projekten erfolgen.

1129) Die Körperwahrnehmung ist eine wichtige Grundlage für emotionale Kompetenz.

1130) Möglichkeiten der Selbstberuhigung gehören zu den Basiskompetenzen.

1131) Reflexionsfähigkeiten sind für die sozio-emotionale Entwicklung unwichtig.

1132) Das Alter und der Entwicklungsstand müssen bei Bildungsangeboten berücksichtigt werden.

1133) Kontakt, Grenzen und Freundschaft sind wichtige Themenbereiche für Bildungsangebote.

1134) Humor fördern gehört zu den grundlegenden Ressourcen im sozio-emotionalen Bereich.

1135) Die Entwicklung einer positiven Einstellung gegenüber anderen ist unwichtig.

1136) Kinder sollen Emotionen nur ausdrücken, aber nicht verstehen und regulieren können.

1137) Die Kenntnis der Basisemotionen ist eine wichtige Grundlage für weitere Entwicklung.

1138) Situationsangemessene Bewältigung positiver und negativer Erlebnisse ist ein Ziel sozialer Kompetenz.

1139) Die pädagogische Fachkraft setzt mit ihren Angeboten Maßstäbe für das Interesse an mathematischer, naturwissenschaftlicher und technischer Bildung.

1140) Kinder brauchen allwissende Erwachsene, um ihre Welt zu erkunden.

1141) Pädagogische Fachkräfte sollten offen für Ideen und Vorschläge der Kinder sein.

1142) Die Entwicklung von Fehlertoleranz gehört zu den Aufgaben der pädagogischen Fachkraft.

1143) Pädagogische Fachkräfte sollten Erkenntnisse korrigieren, die nicht dem wissenschaftlichen Sachverhalt entsprechen.

1144) Das Schaffen von Lernumgebungen ist eine Aufgabe der pädagogischen Fachkraft.

1145) Erlebnispädagogische Angebote in Naturräumen können zum Forschen anregen.

1146) Die Einhaltung von Sicherheitsregeln ist bei naturwissenschaftlichen Experimenten nicht notwendig.

1147) Die Förderung der Selbstbildungspotenziale gehört zu den Aufgaben der pädagogischen Fachkraft.

1148) Pädagogische Fachkräfte sollten Bezüge zum mathematisch-naturwissenschaftlich-technischen Bereich aus anderen Situationen herstellen.

1149) Mathematische Angebote sollten grundsätzlich einen geschlossenen und direktiven Charakter haben.

1150) Das geometrische Formenspiel mit Dreiecken, Rechtecken, Quadraten und Kreisen ist für Kinder ab fünf Jahren geeignet.

1151) Bei dem Formenspiel sollen Kinder versteckte Materialien im Gruppenraum suchen.

1152) Das Ertasten von Formen unter einem Tuch fördert die taktile Wahrnehmung.

1153) Alle Puzzleteile im beschriebenen Beispiel sind Dreiecke.

1154) Das Kerzenexperiment vermittelt Wissen darüber, dass Feuer Luft zum Brennen braucht.

1155) Das Kerzenexperiment ist für Kinder ab vier Jahren geeignet.

1156) Beim Kerzenexperiment geht die Flamme aus, wenn ein Glas darüber gestülpt wird.

1157) Das Glas beschlägt von innen beim Kerzenexperiment.

1158) Bei einem doppelt so großen Glas brennt die Kerze doppelt so lange.

1159) Mehrere Teelichter unter einem Glas gehen schneller aus als ein einzelnes.

1160) Die pädagogische Fachkraft sollte die Erklärung vor dem Experiment geben.

1161) Die Luftballonrakete demonstriert das Prinzip von Schubkraft und Rückstoß.

1162) Für die Luftballonrakete wird ein Trinkhalm von 4-5 cm Länge benötigt.

1163) Der Faden für die Luftballonrakete sollte 4-5 Meter lang sein.

1164) Der Astronaut wird mit Klebestreifen am Luftballon befestigt.

1165) Die Öffnung des Luftballons zeigt in Flugrichtung.

1166) Beim Kerzenexperiment steigt das Wasser im Glas empor.

1167) Das Experiment mit der Luftballonrakete ist für Kinder ab vier Jahren geeignet.

1168) Bei dem Formenspiel werden die gefundenen Gegenstände auf Unterlagen aufgeklebt.

1169) Die Kinder sollen beim Kerzenexperiment die Zeit bis zum Erlöschen zählen.

1170) Rauchentwicklung tritt auf, wenn die Kerze unter dem Glas ausgeht.

1171) Pädagogische Fachkräfte sollten Zeit zum Beobachten geben und zum Handeln ermutigen.

1172) Das ressourcenorientierte Handeln soll gefördert werden.

1173) Eine professionelle Haltung der pädagogischen Fachkraft im forschenden Alltag ist wichtig.

1174) Kinder sollen ihre eigenen Erfahrungen bei Experimenten miteinander diskutieren.

1175) Mathematische Angebote sollten einen partizipativen Charakter haben.

1176) Das technische Angebot der Luftballonrakete ist rein theoretisch aufgebaut.

1177) Bei naturwissenschaftlichen Experimenten haben sowohl spielerische als auch präventive Aspekte Bedeutung.

1178) Die pädagogische Fachkraft sollte Hypothesen und Wissen der Kinder immer bestätigen.

Pädagogische Einrichtungen

In diesem Kapitel testest du dein Wissen über die strukturellen und organisatorischen Grundlagen pädagogischer Einrichtungen. Die Aussagen behandeln Trägerschaft und Finanzierung, Leitungsaufgaben und Führungsstile, Teamarbeit und Kooperationen sowie Qualitätsmanagement. Außerdem werden deine Kenntnisse zu Leitbildentwicklung, Konzeptionsarbeit und Öffentlichkeitsarbeit geprüft. Hier ist sowohl betriebswirtschaftliches als auch pädagogisches Verständnis gefragt.

Richtig oder falsch?

1179) Pädagogische Einrichtungen zählen zu den öffentlichen Einrichtungen.

1180) Pädagogische Einrichtungen übernehmen Aufgaben zum Gemeinwohl.

1181) Pädagogische Fachkräfte haben ein einfaches Mandat.

1182) Das doppelte Mandat bedeutet Handeln zum Wohl der anvertrauten Kinder und für das Gemeinwohl.

1183) Der Träger übernimmt nur die fachliche Verantwortung.

1184) e.V. steht für eingetragener Verein.

1185) gGmbH steht für gemeinnützige Gesellschaft mit beschränkter Haftung.

1186) KÖR steht für Körperschaft des öffentlichen Rechts.

1187) Es wird zwischen öffentlichen und freien Trägern unterschieden.

1188) Kreisfreie Städte sind überörtliche Träger.

1189) Landkreise errichten Jugendämter nach §69 SGB VIII.

1190) Bundesländer errichten Landesjugendämter.

1191) Das Diakonische Werk gehört zur evangelischen Kirche.

1192) Der Deutsche Caritas-Verband gehört zur katholischen Kirche.

1193) Die Arbeiterwohlfahrt (AWO) ist ein Spitzenverband der freien Wohlfahrtspflege.

1194) Der Aufbau der Trägerlandschaft ist in §4 Abs. 2 SGB VIII festgelegt.

1195) Öffentliche Träger haben Vorrang vor freien Trägern.

1196) Das Prinzip der Nachrangigkeit nennt sich Subsidiarität.

1197) Subsidiarität führt zu einer Trägervielfalt in Deutschland.

1198) Die Finanzierung erfolgt nur durch Zuwendungsfinanzierung.

1199) Entgeltfinanzierung erfolgt nach §§77f. SGB VIII.

1200) Träger erwirtschaften nie einen finanziellen Anteil in Eigenbemühung.

1201) Für bestimmte Leistungen besteht ein Rechtsanspruch.

1202) Die Jugendhilfeplanung bestimmt den Umfang der Angebote in jeder Kommune.

1203) Träger der öffentlichen Jugendhilfe haben die Gesamt- und Planungsverantwortung nach §79 SGB VIII.

1204) Das jugendhilferechtliche Dreieck besteht aus drei Akteuren.

1205) Leistungsberechtigte haben einen direkten Vertrag mit dem Jugendamt.

1206) Pädagogische Leitungen haben nur fachliche Führungsaufgaben.

1207) Die Entwicklung von Stellenplänen gehört zu den Leitungsaufgaben.

1208) Konfliktwahrnehmung und Konfliktlösung sind Aufgaben der Leitung.

1209) Die Zusammenarbeit mit Kooperationspartnern gehört zu den Leitungsaufgaben.

1210) Qualitäts- und Organisationsentwicklung ist eine Leitungsaufgabe.

1211) Verwaltungsaufgaben gehören nicht zu den Leitungsaufgaben.

1212) Ein demokratischer Führungsstil fördert ein Wir-Gefühl.

1213) Autokratische Führung führt zu Selbststeuerung.

1214) Ermächtigende Führung führt zu selbstführenden Teams.

1215) Ein Team besteht aus mindestens zwei Personen.

1216) Teams brauchen gemeinsame Ziele und Aufgaben.

1217) Gegenseitige Anerkennung ist eine Grundlage von Teams.

1218) Eine lebendige Feedback-Kultur ist für Teams unwichtig.

1219) Ein Leitbild legt Grundüberzeugungen und Grundwerte der pädagogischen Arbeit dar.

1220) Die Begriffe pädagogisches Konzept und Konzeption werden in der Praxis synonym verwendet.

1221) Ein Leitbild sollte nur niedergeschrieben und nicht gelebt werden.

1222) Eine Konzeption umfasst unter anderem Zielgruppe und Erziehungsziele.

1223) Die Erarbeitung einer Konzeption ist nur Aufgabe der Leitung.

1224) Eine Konzeption schafft Verbindlichkeit und Transparenz gegenüber Eltern und Jugendamt.

1225) Ein Leitbild formuliert einen Idealzustand über das pädagogische Miteinander.

1226) Qualität bezeichnet die Gesamtheit von Eigenschaften und Merkmalen einer Leistung oder Tätigkeit.

1227) Die gesetzliche Verpflichtung zur Qualitätsentwicklung ist in §22 SGB VIII verankert.

1228) Qualitätsmanagement kann ohne ein Planungs-, Informations- und Kontrollsystem erfolgen.

1229) Qualität lässt sich nur prozesshaft und als rückgekoppelter Regelkreis erreichen.

1230) Pädagogische Einrichtungen mit Qualitätsmanagement sind „lernende Organisationen“.

1231) DIN EN ISO 9000ff. ist ein Instrument des Qualitätsmanagements.

1232) Zur Qualitätsentwicklung gehört nur die Verbesserung struktureller Faktoren.

1233) Fort- und Weiterbildung der pädagogischen Fachkräfte gehört zur Qualitätsentwicklung.

1234) Qualitätssicherung umfasst Maßnahmen zur Sicherstellung entwickelter Standards.

1235) Maßnahmen zur Qualitätsentwicklung können ohne Beteiligung des Teams gelingen.

1236) Verbindlichkeit ist ein Ziel der Qualitätsentwicklung.

1237) Transparenz schafft Sichtbarkeit der pädagogischen Arbeit nach innen und außen.

1238) Professionalisierung führt zu einem Zuwachs an Selbstverantwortung.

1239) Qualitätsentwicklung ist ein einmaliger abgeschlossener Prozess.

1240) Effizienter Umgang mit Ressourcen ist ein Ziel der Qualitätsentwicklung.

1241) Dokumentation ist ein wesentlicher Aspekt der Qualitätssicherung.

1242) Anlässe für Qualitätsentwicklung entstehen nur durch Einflüsse von außen.

1243) Einflussfaktoren von innen und außen beeinflussen sich gegenseitig.

1244) Qualitätsentwicklung ist ein ständiger dynamischer Prozess.

1245) Es gibt vier Qualitätsdimensionen nach Avedis Donabedian.

1246) Wolfgang Tietze entwickelte die Qualitätsdimensionen für das sozialpädagogische Handlungsfeld weiter.

1247) Strukturqualität fragt nach den Voraussetzungen und Rahmenbedingungen der Arbeit.

1248) Prozessqualität fragt danach, was erreicht wird.

1249) Orientierungsqualität fragt nach der Zielsetzung.

1250) Ergebnisqualität misst die Ergebnisse der Arbeitsprozesse.

1251) Qualitätsdimensionen bedingen sich nicht gegenseitig.

1252) Die Verbesserung einer Qualitätsdimension hat Einfluss auf andere Dimensionen.

1253) Öffentlichkeitsarbeit hat das Ziel, eine Beziehung zwischen einer Organisation und ihrer Öffentlichkeit aufzubauen.

1254) Zur Öffentlichkeit einer sozialpädagogischen Einrichtung gehören nur die Zielgruppe und Kooperationspartner.

1255) Öffentlichkeitsarbeit geschieht immer, auch wenn sie nicht geplant ist.

1256) Gute Öffentlichkeitsarbeit benötigt ein Konzept mit Situationsanalyse, Zielerarbeitung und Maßnahmenfestlegung.

1257) Pressearbeit ist ein Instrument der Öffentlichkeitsarbeit.

1258) Digitale Möglichkeiten wie Internetauftritte gehören nicht zu den Instrumenten der Öffentlichkeitsarbeit.

1259) Jede Handlung und jedes Verhalten haben eine Außenwirkung.

Beziehungen und Kommunikation

Hier prüfst du dein Verständnis für professionelle Beziehungsgestaltung und gelingende Kommunikation im pädagogischen Alltag. Die Aussagen umfassen pädagogische Haltung, das Verhältnis von Nähe und Distanz, partizipative Arbeitsweisen und verschiedene Kommunikationsmodelle. Du testest dein Wissen über Gesprächsführung mit verschiedenen Zielgruppen, Konflikt- und Beschwerdegespräche sowie interkulturelle Kommunikation.

Richtig oder falsch?

1260) Die Wechselbeziehung zwischen einem Heranwachsenden und der pädagogischen Fachkraft wird als pädagogische Beziehung bezeichnet.

1261) Eine professionelle pädagogische Beziehungsgestaltung ist eine grundlegende Voraussetzung für die Persönlichkeitsentwicklung des Kindes.

1262) Die wissenschaftlichen Ansätze pädagogischer Haltung gehen auf Carl Rogers zurück.

1263) Carl Rogers beschreibt vier Grundhaltungen für eine positive pädagogische Beziehungsgestaltung.

1264) Wertschätzung, Empathie und Kongruenz sind die drei Grundhaltungen nach Rogers.

1265) Nach Rogers können Menschen ihre Probleme nicht selbst lösen.

1266) Die pädagogische Fachkraft soll bedingungslose Wertschätzung ohne Gegenleistung bieten.

1267) Reinhard und Anne-Marie Tausch entwickelten Rogers' Ansätze weiter.

1268) Verstehen bedeutet das Einfühlen in die subjektive Welt der zu Erziehenden.

1269) Echtheit bedeutet, dass das Verhalten mit den Einstellungen und Haltungen übereinstimmt.

1270) Eine professionelle pädagogische Beziehung erfolgt auf Grundlage persönlicher Sympathie.

1271) Die pädagogische Beziehungsgestaltung wird vom Menschenbild der Fachkraft geprägt.

1272) Positive Beziehungsgestaltung soll die seelische Gesundheit fördern.

1273) Der Aufbau von Selbstvertrauen ist ein Ziel positiver Beziehungsgestaltung.

1274) Nähe und Distanz beschreiben nur reale soziale Räume.

1275) Es geht um die richtige Balance von Nähe und Distanz.

1276) Erzieher sind Elternersatz.

1277) Die Initiative für körperliche Nähe sollte immer von der pädagogischen Fachkraft ausgehen.

1278) Eine Interventionsberechtigung erhält eine pädagogische Fachkraft nach einer stabilen Beziehungsgestaltung.

1279) Supervisionen und kollegiale Beratungen eignen sich zur Reflexion der Beziehungsgestaltung.

1280) Kinder, Jugendliche und junge Erwachsene sind Akteure ihrer eigenen Entwicklung.

1281) Es ist eine gesetzliche Pflicht nach §8 SGB VIII, Heranwachsende an allen sie betreffenden Entscheidungen zu beteiligen.

1282) Partizipation kann verstanden werden als Beteiligung, Mitwirkung, Mitbestimmung und Einbeziehung.

1283) Partizipation zu fördern bedeutet für die pädagogische Fachkraft, Entscheidungsmacht abzugeben.

1284) Das Stufenmodell nach Josef R. Hart unterscheidet zwischen Nicht-Partizipation und Partizipation.

1285) Von Kindern initiiert und durchgeführt ist die höchste Stufe der Partizipation.

1286) Alibi-Teilhabe gehört zur echten Partizipation.

1287) Dekoration ist eine Form der Nicht-Partizipation.

1288) Fremdbestimmung bedeutet, dass Ziele und Inhalte den Kindern bekannt sind.

1289) Beteiligungsprozesse bedürfen einer wertschätzenden Grundhaltung von pädagogischen Fachkräften.

1290) Partizipation ist ein statischer Prozess.

1291) Selbstkonzept ist ein Ziel partizipativer pädagogischer Arbeit.

1292) Perspektivübernahme und Empathie sind wichtige Kompetenzen für Partizipation.

1293) Kommunikative Kompetenzen sind für Aushandlungsprozesse unwichtig.

1294) Kooperationsfähigkeit ermöglicht gemeinsames zielgerichtetes Handeln.

1295) Konfliktbewältigung ist eine wichtige Kompetenz in Gruppen.

1296) Moralentwicklung bedeutet nur dann regelkonform zu handeln, wenn negative Konsequenzen drohen.

1297) Projektarbeit ist eine mögliche Form der Partizipation.

1298) Regelkreise sind ritualisierte Diskussionsforen für Interessen und Konflikte.

1299) Kinder- und Jugendbeiräte sind eine Form der Beteiligung am pädagogischen Alltag.

1300) Menschen kommunizieren vom ersten Augenblick ihres Lebens ständig miteinander.

1301) Kommunikation beinhaltet nur den Austausch von Informationen zwischen Personen.

1302) Eine Interaktion ist ein aufeinander bezogenes Verhalten zwischen Menschen.

1303) Kommunikation ist ein Interaktionsprozess.

1304) Kommunikation lässt sich in vier Ebenen klassifizieren.

1305) Verbale Kommunikation umfasst nur gesprochene Sprache.

1306) Paraverbale Kommunikation umfasst nichtsprachliche Lautäußerungen.

1307) Nonverbale Kommunikation umfasst Körperhaltung und Gesichtsausdruck.

1308) Das Sender-Empfänger-Modell besagt, dass Kommunikation drei Anteile hat.

1309) Der Sender decodiert die Nachricht.

1310) Die Rollen des Senders und Empfängers wechseln niemals.

1311) Paul Watzlawick entwickelte 5 Axiome der Kommunikation.

1312) Das erste Axiom lautet: Man kann nicht nicht kommunizieren.

1313) Jedes Verhalten einer Person ist kommunikativ.

1314) Das zweite Axiom besagt, dass der Inhaltsaspekt wichtiger ist als der Beziehungsaspekt.

1315) Die pädagogische Haltung bestimmt die Kommunikation.

1316) Kommunikation findet in einem Regelkreis statt.

1317) Es gibt einen klaren Anfangs- und Endpunkt in der Kommunikation.

1318) Digitale Modalität bezieht sich auf das gesprochene Wort.

1319) Analoge Modalität ist immer eindeutig zu verstehen.

1320) Symmetrische Beziehungen sind auf gleicher Augenhöhe.

1321) Komplementäre Beziehungen sind gleichberechtigt.

1322) Friedemann Schulz von Thun entwickelte das Vier-Seiten-Modell.

1323) Das Vier-Seiten-Modell umfasst Sachebene, Selbstoffenbarung, Beziehung und Appell.

1324) Die Sachebene vermittelt Informationen.

1325) Jeder Mensch hört auf allen vier Ebenen gleich gut.

1326) Das Gesendete und das Empfangene sind immer identisch.

1327) Sigmund Freud entwickelte das Eisbergmodell des Bewusstseins.

1328) Beim Eisbergmodell ist nur ein kleiner Teil einer Botschaft sichtbar.

1329) Das Johari-Fenster wurde von Joseph Luft und Harry Ingham entwickelt.

1330) Das Johari-Fenster beschreibt bewusste und unbewusste Verhaltensmerkmale.

1331) Das Johari-Fenster ist in vier Bereiche aufgeteilt.

1332) Regelmäßige Feedbacks helfen blinde Flecke zu vergrößern.

1333) Gewaltfreie Kommunikation wurde von Marshall B. Rosenberg entwickelt.

1334) Der Wolf steht für bewertende und interpretierende Kommunikation.

1335) Die Giraffe spricht und hört mit dem Herzen.

1336) Gewaltfreie Kommunikation besteht aus drei Komponenten.

1337) Beobachtung ist die erste Komponente der gewaltfreien Kommunikation.

1338) Gefühle sind die zweite Komponente der gewaltfreien Kommunikation.

1339) Bedürfnisse sind die dritte Komponente der gewaltfreien Kommunikation.

1340) Bitten ist die vierte Komponente der gewaltfreien Kommunikation.

1341) Aktives Zuhören wurde von Marshall B. Rosenberg entwickelt.

1342) Aktives Zuhören kann Missverständnisse minimieren.

1343) Paraphrasieren bedeutet, die Aussage mit eigenen Worten zu wiederholen.

1344) Verbalisieren bedeutet, die Gefühle des Gegenübers zu spiegeln.

1345) Ich-Botschaften sollen eigene Gefühle und Gedanken ausdrücken.

1346) Du-Botschaften sind immer besser als Ich-Botschaften.

1347) Du-Botschaften können Abwehrreaktionen hervorrufen.

1348) Offene Fragen ermöglichen dem Gegenüber, Gedanken und Gefühle mitzuteilen.

1349) Geschlossene Fragen verlangen eine Ja/Nein-Antwort.

1350) Im pädagogischen Alltag sollten hauptsächlich geschlossene Fragen gestellt werden.

1351) Reframing kommt aus dem Neuro-Linguistischen Programmieren.

1352) Reframing ändert die Situation selbst.

1353) Reframing verändert die Sichtweise auf eine Situation.

1354) Aktives Zuhören ist ein Gesprächsförderer.

1355) Unterbrechen ist ein Gesprächsförderer.

1356) Ich-Botschaften senden ist ein Gesprächsförderer.

1357) Du-Botschaften senden ist ein Gesprächshemmer.

1358) Paraphrasieren zeigt Respekt.

1359) Rückfragen stellen zeigt Interesse.

1360) Feedback kann unbewusst oder zielgerichtet sein.

1361) Feedback sollte immer wertend und interpretierend sein.

1362) Feedback sollte konkret und nicht allgemein sein.

1363) Interkulturelle Kommunikation ist eine Voraussetzung zum Globalen Lernen.

1364) Gesprächshemmer sind Befehle und Anordnungen.

1365) Belehrungen und Verurteilungen sind Gesprächsförderer.

1366) Feedback kann spontan sein oder erbeten werden.

1367) Kommunikation ist eines der wichtigsten Instrumente der sozialen Arbeit.

1368) Ohne Kommunikation können berufliche Beziehungen zu Kollegen oder Kindern nicht gestaltet werden.

1369) Mündliche Kommunikation spart Zeit und bringt schnell eine Rückmeldung.

1370) Schriftliche Kommunikation ermöglicht eine prompte Rückmeldung.

1371) Bei mündlicher Kommunikation können Informationen mehrfach überprüft werden, bevor sie an den Empfänger gehen.

1372) Schriftliche Kommunikation bietet eine permanente Dokumentation der Informationen.

1373) Die Herausgabe von personenbezogenen Daten ohne Zustimmung ist gesetzlich verboten.

1374) Gespräche folgen meist einem Grundaufbau in fünf Phasen.

1375) Die erste Phase eines Gesprächs ist die Kontaktaufnahme.

1376) Die eigene Vorbereitung ist die erste Phase des Gesprächsablaufs.

1377) Die Bestimmung des Anlasses und des Ziels ist die dritte Phase des Gesprächsablaufs.

1378) Die Auswertung ist die letzte Phase des Gesprächsablaufs.

1379) Gespräche im pädagogischen Kontext sind lebensweltorientiert, ressourcenorientiert und partizipativ angelegt.

1380) Kinder benötigen oft Zeit, um Vertrauen zu Kommunikationspartnern aufzubauen.

1381) Kinder möchten nicht, dass man ihnen zuhört und sie ernst nimmt.

1382) Kinder nähern sich Themen spielerisch.

1383) Bei der Kommunikation mit Kindern sollte man eine eindeutige Sprache mit kurzen, verständlichen Sätzen verwenden.

1384) Kinder hören weniger, als man denkt, und beobachten ungenau.

1385) Jugendliche haben ihre eigene Sprache, die sie in Cliquen entwickelt haben.

1386) Für ein Gespräch mit Jugendlichen muss eine Vertrauens- und Verständnisgrundlage geschaffen werden.

1387) Jugendliche sind unempfindlich gegenüber Gesprächsangeboten.

1388) Die Achtung der Person und ihrer individuellen Haltung ist wichtig im Umgang mit Jugendlichen.

1389) Klare Absprachen und das Setzen von Grenzen sind wichtig bei Jugendlichen.

1390) Eltern wollen nicht wissen, wie es ihrem Kind geht.

1391) Der Austausch mit Familien erfolgt über spontane und geplante Gespräche sowie Elternabende.

1392) Ein vertrauensaufbauender Gesprächsstil umfasst Zuwendung, Einfühlungsvermögen und Respekt.

1393) Offene Fragen sind eine unterstützende Gesprächstechnik für das Elterngespräch.

1394) Man sollte voreilige Ratschläge geben und voreilige Schlussfolgerungen ziehen.

1395) Auf Fachausdrücke sollte verzichtet werden, die die Eltern nicht verstehen.

1396) Bestehende Schwierigkeiten sollten bagatellisiert werden.

1397) Beschwerden sollten im pädagogischen Alltag als selbstverständlich angesehen werden.

1398) Beschwerden stellen eine Bedrohung für die pädagogische Arbeit dar.

1399) Hinter Beschwerden stecken häufig auch andere Botschaften als der geäußerte Inhalt.

1400) Ein Beschwerdemanagement regelt, was als Beschwerde gilt und wie damit umzugehen ist.

1401) Das Bundeskinderschutzgesetz verpflichtet dazu, Kinder in alle Prozesse des Alltages einzubeziehen.

1402) Kinder brauchen das Gefühl von Vertrauen und Wertschätzung, um sich zu äußern.

1403) Der tägliche Morgenkreis ist eine Beschwerdemöglichkeit für Kinder.

1404) Beschwerden sollten mit dem richtigen Gesprächspartner zeitnah bearbeitet werden.

1405) Beschwerdeführer sollte man unterbrechen, um Zeit zu sparen.

1406) Man sollte zwischen eigener Person und Rolle als pädagogische Fachkraft trennen.

1407) Konflikte entstehen nur dort, wo Menschen voneinander unabhängig sind.

1408) Konflikte können auf unterschiedliche Arten gelöst werden, etwa durch einen Kompromiss.

1409) Ein kooperatives Konfliktgespräch sollte drei Phasen umfassen.

1410) In der ersten Phase wird der Konflikt benannt und das gemeinsame Anliegen betont.

1411) In der vierten Phase werden mögliche Vorgehensweisen und Alternativen benannt.

1412) Die letzte Phase eines Konfliktgesprächs sichert den Erfolg und betont die Verbindlichkeit.

1413) Konfliktgespräche sind nur bei schwerwiegenden Problemen notwendig.

Gruppenarbeit

In diesem Kapitel werden deine Kenntnisse zu Gruppenprozessen und Gruppendynamik geprüft. Die Aussagen behandeln Gruppenformen und -phasen, Gruppenkohäsion und Rollenverteilungen sowie Konfliktentstehung und -lösung. Außerdem testest du dein Wissen über Mobbing-Prävention, Gewalt in Gruppen und die spezifischen Herausforderungen der Arbeit mit Kindergruppen, Jugendlichen und Peergroups.

Richtig oder falsch?

1414) Eine Gruppe bezeichnet eine Ansammlung von mehr als zwei Personen.

1415) Zu einer Gruppe gehört man nur, wenn man sich ihr zugehörig fühlt.

1416) Formelle Gruppen verfolgen spezielle Ziele und haben explizite Vorschriften.

1417) Informelle Gruppen verfügen über formale Strukturen und klar festgelegte Ziele.

1418) Primärgruppen sind durch lang andauernde Beziehungen und intensiven emotionalen Kontakt gekennzeichnet.

1419) Sekundärgruppen haben lose, unregelmäßige Kontakte der Gruppenmitglieder.

1420) Gruppen können nach Gruppengröße und Organisationsform unterschieden werden.

1421) Nach Bernstein und Lowy durchläuft eine Gruppe fünf Phasen.

1422) Die fünf Phasen können je nach Gruppe unterschiedlich lange dauern.

1423) Alle Gruppenmitglieder befinden sich zwangsläufig in der gleichen Phase.

1424) In der Fremdheitsphase sind Gruppenmitglieder aufgeregt, unsicher, aber auch neugierig.

1425) Die Positions- und Rollenklärungsphase ist geprägt von Rangkämpfen und erhöhtem Aggressionspotenzial.

1426) In der Differenzierungsphase haben die Mitglieder ein ausgeprägtes „Wir-Bewusstsein" entwickelt.

1427) In der Abschluss- und Trennungsphase zeigen Gruppenmitglieder eine abnehmende Bereitschaft, etwas gemeinsam zu unternehmen.

1428) Der innere Zusammenhalt einer Gruppe wird als Gruppenkohäsion bezeichnet.

1429) Es wird zwischen aufgabenbezogener Kohäsion, sozialer Kohäsion, Teamkohäsion und dem Maß an Integration unterschieden.

1430) Allein das Zusammensein erzeugt in einer Gruppe ein Gefühl der Zusammengehörigkeit.

1431) Dem „Wir-Gefühl" einer Gruppe entspricht keine Unterscheidung und Abgrenzung von den „Anderen".

1432) Im Experiment von Muzafer Sherif bevorzugten die Versuchspersonen die Mitglieder ihrer eigenen Gruppe gegenüber der anderen Gruppe.

1433) Der Zusammenhalt von Gruppen wird durch das Anstreben gemeinsamer Ziele gefördert.

1434) Widerstände oder Druck von außen fördern den Zusammenhalt einer Gruppe.

1435) Konflikte können zwischen einzelnen Personen oder Gruppen entstehen.

1436) Wir können auch mit uns selbst in einen intrapersonellen Konflikt geraten.

1437) Verteilungskonflikte entstehen durch empfundene Ungerechtigkeit bei Ressourcenverteilungen.

1438) Zielkonflikte entstehen durch empfundene Gegensätze in Bezug auf Absichten bzw. Interessen.

1439) Beziehungskonflikte entstehen durch empfundene Gegensätze in Bezug auf Verhaltensweisen.

1440) Identitätsbasierte Konflikte entstehen durch empfundene Bedrohungen des Selbstbildes.

1441) Rollenkonflikte entstehen nur bei formellen Gruppenmitgliedern.

1442) Machtkonflikte können entstehen, wenn neue Kollegen ins Team kommen, die formal höher qualifiziert sind.

1443) Informationskonflikte entstehen, wenn Informationen im Team nur selektiv weiterverbreitet werden.

1444) Einem Gruppenkonflikt liegt meist eine einzelne Ursache zugrunde.

1445) Verschiedene Bedürfnisse und unterschiedliche Meinungen sind eine Ursache für Konflikte in Gruppen.

1446) Ungleich verteilte Ressourcen können zu Konflikten führen.

1447) Nach Friedrich Glasl haben Konflikte bestimmte Verlaufsmuster.

1448) Die erste Stufe der Konflikteskalation nach Glasl ist die „Verhärtung".

1449) Taten statt Worte ist die zweite Stufe der Konflikteskalation.

1450) In der vierten Stufe werden Koalitionen mit Verbündeten eingegangen.

1451) Gesichtsverlust ist die fünfte Stufe der Konflikteskalation.

1452) Die letzte Stufe der Konflikteskalation heißt „Gemeinsam in den Abgrund".

1453) Konflikte müssen die gesamte Eskalationsspirale durchlaufen.

1454) Auf jeder Stufe bietet sich die Möglichkeit, aus der Konfliktdynamik auszubrechen.

1455) Eine Konfliktlösung kann durch Machtausübung, juristische Entscheidungen oder Interessenausgleich erreicht werden.

1456) Ziel des pädagogischen Handelns sollte sein, sich um zufriedenstellende Kompromisse und Kooperationen zu bemühen.

1457) Die Verantwortung für die Konfliktlösung sollte bei der pädagogischen Fachkraft bleiben.

1458) Die pädagogische Fachkraft kann die Rolle einer Begleiterin, Unterstützerin oder Moderatorin einnehmen.

1459) Eine Konfliktlösung bedarf des grundsätzlichen Interesses aller Beteiligten, den Konflikt beizulegen.

1460) Mediation ist eine Form professioneller Hilfe bei Konflikten.

1461) Der Mediator trifft eigene Entscheidungen zur Konfliktlösung.

1462) Mobbing betrifft meist ein einzelnes Gruppenmitglied oder eine Minderheit.

1463) Mobbing liegt vor, wenn einer Person wiederholt bewusst Schaden zugefügt wird.

1464) Kräfteungleichgewicht ist ein Merkmal von Mobbing.

1465) Ein einmaliges Verprügeln wird als Mobbing aufgefasst.

1466) Langzeitfolgen für Mobbing-Opfer können psychosoziale Probleme und Schwierigkeiten beim Freundschaften schließen sein.

1467) Maßnahmen gegen Mobbing sollten auf den Ebenen Person, Gruppe, Erziehungsberechtigte und Institution erfolgen.

1468) Kinder bilden keine Gruppen mit charakteristischen Merkmalen.

1469) Zugehörigkeit zu einer festen Gruppe wird anhand von Bildern oder Symbolen gezeigt.

1470) Eine Gruppe stellt für jedes Kind einen unersetzbaren Lern- und Erfahrungsraum dar.

1471) In einer Gruppe erwirbt ein Kind personelle und soziale Kompetenzen.

1472) Kinder sind von Geburt an fähig, mit anderen zu kooperieren.

1473) Die Gruppenfähigkeit müssen Kinder erst entwickeln.

1474) Viele Kinder verbringen ihre Freizeit heutzutage als Einzelkind allein vor dem Fernseher oder am Computer.

1475) Im Jugendalter nimmt die Peergroup eine wichtige Sozialisationsfunktion ein.

1476) Peergroups sind Gruppen aus Menschen ähnlichen Alters bzw. ähnlicher Lebenssituation.

1477) Jugendliche orientieren sich in ihrem Verhalten eher an ihren Eltern als an Gleichaltrigen.

1478) Die Peergroup dient der Erprobung verschiedener sozialer Verhaltensweisen.

1479) Soziale Medien sind eine wichtige Sozialisationsinstanz für Jugendliche.

1480) Normen dienen den Gruppenmitgliedern zur Orientierung für das erwünschte Verhalten.

1481) Normen können von Gruppe zu Gruppe stark variieren.

1482) Zu viele Vorschriften oder unnötige Regeln belasten die Atmosphäre in der Gruppe.

1483) Unausgesprochene Regeln haben keinen Einfluss auf das Verhalten von Kindern.

1484) Ein hoher Status ist mit viel Anerkennung und hohem Einfluss innerhalb der Gruppe verbunden.

1485) Das Prinzip der Individualisierung besagt, dass jedes Gruppenmitglied eine individuell abgestimmte Unterstützung benötigt.

1486) Das Prinzip der Ressourcenorientierung besagt, dass jedes Gruppenmitglied über eigene Stärken verfügt.

1487) Das Prinzip „Sich überflüssig machen" bedeutet, dass pädagogische Fachkräfte sich mit zunehmendem Alter der Gruppenmitglieder zurückhalten sollen.

1488) Eine Gruppe bezeichnet eine Ansammlung von mehr als zwei Personen, die durch gleiche oder ähnliche Merkmale oder Interessen in einer Beziehung zueinander stehen.

1489) Formelle Gruppen haben keine expliziten Vorschriften und verfügen über keine klar festgelegten Ziele.

1490) Nach Bernstein und Lowy durchläuft eine Gruppe fünf Entwicklungsphasen.

1491) In der Fremdheitsphase zeigen Gruppenmitglieder bereits viel Vertrauen zueinander und arbeiten eng zusammen.

1492) Die Positions- und Rollenklärungsphase ist durch Rangkämpfe und erhöhtes Aggressionspotenzial gekennzeichnet.

1493) Gruppenkohäsion bezeichnet den inneren Zusammenhalt einer Gruppe.

1494) Als Mobbing wird bereits ein einmaliges Verprügeln bei Kräfteungleichgewicht bezeichnet.

1495) Peergroups spielen im Jugendalter eine wichtige Sozialisationsfunktion.

1496) Normen können von Gruppe zu Gruppe stark variieren und geben Kindern Orientierung für erwünschtes Verhalten.

1497) Das Prinzip der Individualisierung besagt, dass alle Gruppenmitglieder gleich behandelt werden sollen.

1498) Ein hoher Status in der Gruppe ist mit viel Anerkennung und hohem Einfluss verbunden.

1499) Konflikte in Gruppen können nur durch Machtausübung und Autorität gelöst werden.

1500) Primärgruppen zeichnen sich durch lang andauernde, intensive und emotionale Beziehungen der Mitglieder untereinander aus.

Antwortschlüssel

R = Richtig, F = Falsch

1) R	34) R	67) R	100) F	133) F	166) R
2) F	35) R	68) R	101) R	134) R	167) R
3) R	36) F	69) F	102) R	135) R	168) R
4) F	37) R	70) R	103) R	136) R	169) R
5) R	38) F	71) F	104) R	137) F	170) R
6) R	39) R	72) R	105) F	138) F	171) F
7) F	40) F	73) F	106) R	139) R	172) F
8) R	41) R	74) R	107) R	140) R	173) R
9) R	42) R	75) R	108) R	141) R	174) F
10) R	43) R	76) F	109) R	142) R	175) R
11) F	44) R	77) R	110) R	143) R	176) R
12) R	45) F	78) F	111) F	144) F	177) R
13) F	46) R	79) R	112) R	145) R	178) R
14) R	47) F	80) R	113) R	146) F	179) R
15) R	48) R	81) F	114) F	147) R	180) F
16) F	49) R	82) R	115) R	148) R	181) F
17) R	50) F	83) R	116) R	149) F	182) R
18) F	51) R	84) R	117) F	150) F	183) R
19) R	52) R	85) R	118) R	151) R	184) R
20) R	53) F	86) F	119) R	152) R	185) F
21) R	54) R	87) R	120) F	153) R	186) R
22) F	55) F	88) R	121) F	154) R	187) F
23) R	56) R	89) F	122) R	155) R	188) R
24) F	57) R	90) R	123) R	156) R	189) R
25) R	58) R	91) R	124) R	157) F	190) R
26) R	59) F	92) F	125) F	158) R	191) R
27) R	60) R	93) R	126) R	159) F	192) R
28) F	61) R	94) R	127) F	160) R	193) R
29) R	62) F	95) R	128) R	161) R	194) R
30) R	63) R	96) F	129) R	162) R	195) F
31) F	64) R	97) R	130) R	163) R	196) R
32) R	65) R	98) R	131) R	164) R	197) R
33) R	66) F	99) F	132) R	165) F	198) R

199) F	241) R	283) F	325) R	367) R	409) R
200) R	242) F	284) R	326) R	368) R	410) F
201) F	243) R	285) F	327) R	369) R	411) R
202) R	244) F	286) R	328) F	370) R	412) R
203) F	245) R	287) R	329) R	371) F	413) R
204) R	246) R	288) R	330) R	372) R	414) F
205) R	247) F	289) R	331) F	373) R	415) R
206) R	248) R	290) F	332) F	374) F	416) F
207) F	249) R	291) R	333) R	375) R	417) F
208) R	250) F	292) F	334) F	376) F	418) R
209) R	251) R	293) R	335) R	377) R	419) R
210) F	252) R	294) F	336) F	378) R	420) F
211) F	253) R	295) R	337) R	379) F	421) R
212) R	254) R	296) R	338) F	380) R	422) F
213) R	255) F	297) R	339) R	381) R	423) R
214) R	256) R	298) F	340) R	382) R	424) F
215) F	257) F	299) F	341) R	383) F	425) R
216) R	258) R	300) R	342) F	384) F	426) R
217) R	259) F	301) F	343) R	385) R	427) R
218) R	260) R	302) R	344) F	386) R	428) F
219) R	261) R	303) R	345) R	387) F	429) R
220) R	262) R	304) F	346) R	388) F	430) R
221) F	263) F	305) R	347) F	389) R	431) R
222) R	264) R	306) F	348) R	390) R	432) R
223) F	265) F	307) R	349) R	391) R	433) F
224) F	266) R	308) F	350) F	392) F	434) R
225) R	267) R	309) R	351) R	393) R	435) R
226) R	268) R	310) R	352) F	394) R	436) R
227) F	269) R	311) F	353) R	395) R	437) F
228) R	270) F	312) F	354) R	396) F	438) R
229) F	271) R	313) R	355) F	397) R	439) F
230) R	272) R	314) F	356) R	398) R	440) R
231) R	273) R	315) R	357) F	399) R	441) F
232) F	274) F	316) R	358) R	400) R	442) R
233) R	275) R	317) F	359) R	401) R	443) R
234) R	276) R	318) R	360) R	402) R	444) F
235) R	277) F	319) F	361) F	403) R	445) R
236) R	278) R	320) R	362) R	404) F	446) F
237) F	279) R	321) R	363) R	405) R	447) R
238) F	280) F	322) R	364) F	406) R	448) R
239) R	281) R	323) F	365) R	407) R	449) F
240) F	282) R	324) R	366) F	408) R	450) R

451) R	493) R	535) R	577) R	619) R	661) R
452) F	494) R	536) R	578) R	620) F	662) R
453) R	495) R	537) R	579) R	621) R	663) F
454) R	496) R	538) R	580) R	622) R	664) R
455) R	497) F	539) R	581) R	623) R	665) R
456) R	498) R	540) F	582) R	624) F	666) F
457) R	499) R	541) R	583) F	625) R	667) R
458) F	500) R	542) R	584) R	626) R	668) R
459) R	501) R	543) R	585) R	627) R	669) F
460) R	502) R	544) R	586) R	628) R	670) R
461) R	503) R	545) R	587) R	629) F	671) R
462) F	504) R	546) R	588) R	630) R	672) R
463) R	505) R	547) R	589) F	631) R	673) F
464) R	506) F	548) R	590) R	632) R	674) R
465) F	507) R	549) F	591) F	633) F	675) F
466) F	508) F	550) R	592) R	634) R	676) F
467) R	509) R	551) R	593) F	635) F	677) R
468) R	510) R	552) R	594) R	636) R	678) F
469) R	511) R	553) R	595) F	637) R	679) R
470) R	512) R	554) R	596) R	638) R	680) R
471) R	513) R	555) R	597) R	639) F	681) F
472) F	514) F	556) R	598) R	640) R	682) R
473) R	515) R	557) R	599) F	641) R	683) R
474) R	516) R	558) R	600) R	642) R	684) R
475) R	517) F	559) R	601) R	643) R	685) R
476) F	518) R	560) R	602) R	644) F	686) R
477) R	519) R	561) R	603) R	645) R	687) R
478) R	520) R	562) R	604) F	646) F	688) F
479) F	521) R	563) R	605) R	647) R	689) R
480) F	522) F	564) R	606) F	648) F	690) R
481) R	523) F	565) R	607) R	649) R	691) R
482) R	524) R	566) R	608) F	650) R	692) F
483) R	525) R	567) R	609) R	651) F	693) R
484) R	526) R	568) R	610) F	652) R	694) F
485) R	527) F	569) R	611) R	653) R	695) R
486) R	528) R	570) R	612) R	654) R	696) R
487) R	529) R	571) R	613) F	655) F	697) F
488) R	530) R	572) R	614) R	656) R	698) R
489) F	531) R	573) R	615) R	657) R	699) F
490) R	532) R	574) R	616) R	658) R	700) R
491) R	533) R	575) R	617) R	659) R	701) F
492) R	534) R	576) R	618) F	660) R	702) R

703) R	745) F	787) R	829) R	871) R	913) F
704) F	746) F	788) F	830) R	872) R	914) R
705) R	747) R	789) F	831) R	873) F	915) R
706) R	748) F	790) R	832) F	874) R	916) R
707) R	749) R	791) R	833) R	875) F	917) F
708) R	750) R	792) R	834) R	876) R	918) R
709) R	751) F	793) F	835) R	877) F	919) F
710) R	752) R	794) R	836) F	878) R	920) F
711) R	753) R	795) F	837) R	879) F	921) R
712) R	754) F	796) R	838) R	880) R	922) F
713) F	755) R	797) R	839) R	881) R	923) R
714) F	756) R	798) F	840) F	882) F	924) F
715) R	757) F	799) R	841) R	883) R	925) F
716) R	758) R	800) R	842) F	884) R	926) F
717) F	759) R	801) R	843) R	885) F	927) R
718) R	760) R	802) R	844) F	886) R	928) F
719) F	761) F	803) F	845) R	887) F	929) R
720) R	762) R	804) R	846) R	888) R	930) F
721) R	763) R	805) R	847) R	889) F	931) R
722) R	764) R	806) R	848) F	890) R	932) R
723) R	765) R	807) R	849) R	891) R	933) R
724) F	766) F	808) R	850) F	892) F	934) F
725) R	767) F	809) R	851) R	893) R	935) F
726) R	768) R	810) R	852) F	894) R	936) R
727) R	769) F	811) R	853) R	895) R	937) R
728) F	770) R	812) F	854) F	896) R	938) F
729) R	771) R	813) F	855) R	897) R	939) R
730) R	772) R	814) R	856) F	898) F	940) F
731) R	773) F	815) R	857) F	899) R	941) R
732) F	774) R	816) R	858) R	900) F	942) F
733) F	775) F	817) F	859) F	901) R	943) R
734) R	776) R	818) R	860) F	902) R	944) R
735) F	777) R	819) F	861) R	903) R	945) F
736) R	778) R	820) R	862) F	904) F	946) R
737) F	779) R	821) R	863) R	905) F	947) F
738) F	780) R	822) R	864) F	906) R	948) R
739) R	781) R	823) F	865) R	907) R	949) R
740) R	782) F	824) F	866) F	908) R	950) F
741) R	783) F	825) R	867) R	909) F	951) R
742) R	784) R	826) R	868) F	910) R	952) R
743) F	785) R	827) R	869) R	911) F	953) F
744) R	786) F	828) F	870) F	912) R	954) R

955) F	997) R	1039) R	1081) F	1123) R	1165) F
956) R	998) F	1040) R	1082) F	1124) R	1166) R
957) R	999) R	1041) F	1083) R	1125) R	1167) R
958) F	1000) F	1042) R	1084) F	1126) R	1168) R
959) R	1001) F	1043) F	1085) R	1127) R	1169) R
960) F	1002) R	1044) R	1086) F	1128) F	1170) R
961) R	1003) R	1045) F	1087) R	1129) R	1171) R
962) R	1004) R	1046) R	1088) R	1130) R	1172) R
963) F	1005) R	1047) F	1089) F	1131) F	1173) R
964) R	1006) R	1048) R	1090) F	1132) R	1174) R
965) F	1007) F	1049) F	1091) R	1133) R	1175) R
966) R	1008) R	1050) R	1092) F	1134) R	1176) F
967) F	1009) F	1051) R	1093) F	1135) F	1177) R
968) R	1010) F	1052) R	1094) R	1136) F	1178) F
969) R	1011) R	1053) R	1095) F	1137) R	1179) R
970) F	1012) R	1054) R	1096) R	1138) R	1180) R
971) R	1013) R	1055) F	1097) R	1139) R	1181) F
972) F	1014) F	1056) R	1098) R	1140) F	1182) R
973) R	1015) R	1057) F	1099) R	1141) R	1183) F
974) F	1016) R	1058) R	1100) F	1142) R	1184) R
975) R	1017) R	1059) F	1101) R	1143) F	1185) R
976) R	1018) F	1060) R	1102) F	1144) R	1186) R
977) F	1019) F	1061) R	1103) R	1145) R	1187) R
978) R	1020) R	1062) F	1104) R	1146) F	1188) F
979) R	1021) F	1063) R	1105) R	1147) R	1189) R
980) F	1022) R	1064) F	1106) R	1148) R	1190) R
981) R	1023) R	1065) R	1107) F	1149) F	1191) R
982) R	1024) F	1066) R	1108) R	1150) R	1192) R
983) F	1025) F	1067) F	1109) R	1151) R	1193) R
984) R	1026) R	1068) R	1110) R	1152) R	1194) R
985) F	1027) R	1069) F	1111) R	1153) F	1195) F
986) R	1028) F	1070) R	1112) F	1154) R	1196) R
987) F	1029) R	1071) R	1113) R	1155) R	1197) R
988) R	1030) R	1072) R	1114) R	1156) R	1198) F
989) F	1031) F	1073) F	1115) R	1157) R	1199) R
990) F	1032) R	1074) R	1116) R	1158) R	1200) F
991) R	1033) R	1075) F	1117) R	1159) R	1201) R
992) R	1034) F	1076) R	1118) F	1160) F	1202) R
993) F	1035) F	1077) R	1119) R	1161) R	1203) R
994) F	1036) R	1078) R	1120) R	1162) R	1204) R
995) R	1037) F	1079) R	1121) R	1163) R	1205) F
996) F	1038) R	1080) R	1122) F	1164) F	1206) F

1207) R	1249) R	1291) R	1333) R	1375) F	1417) F
1208) R	1250) R	1292) R	1334) R	1376) R	1418) R
1209) R	1251) F	1293) F	1335) R	1377) R	1419) R
1210) R	1252) R	1294) R	1336) F	1378) R	1420) R
1211) F	1253) R	1295) R	1337) R	1379) R	1421) R
1212) R	1254) F	1296) F	1338) R	1380) R	1422) R
1213) F	1255) R	1297) R	1339) R	1381) F	1423) F
1214) R	1256) R	1298) R	1340) R	1382) R	1424) R
1215) R	1257) R	1299) R	1341) F	1383) R	1425) R
1216) R	1258) F	1300) R	1342) R	1384) F	1426) R
1217) R	1259) R	1301) F	1343) R	1385) R	1427) R
1218) F	1260) R	1302) R	1344) R	1386) R	1428) R
1219) R	1261) R	1303) R	1345) R	1387) F	1429) R
1220) R	1262) R	1304) R	1346) F	1388) R	1430) R
1221) F	1263) F	1305) F	1347) R	1389) R	1431) F
1222) R	1264) R	1306) R	1348) R	1390) F	1432) R
1223) F	1265) F	1307) R	1349) R	1391) R	1433) R
1224) R	1266) R	1308) F	1350) F	1392) R	1434) R
1225) R	1267) R	1309) F	1351) R	1393) R	1435) R
1226) R	1268) R	1310) F	1352) F	1394) F	1436) R
1227) R	1269) R	1311) R	1353) R	1395) R	1437) R
1228) F	1270) F	1312) R	1354) R	1396) F	1438) R
1229) R	1271) R	1313) R	1355) F	1397) R	1439) R
1230) R	1272) R	1314) F	1356) R	1398) F	1440) R
1231) R	1273) R	1315) R	1357) R	1399) R	1441) F
1232) F	1274) F	1316) R	1358) R	1400) R	1442) R
1233) R	1275) R	1317) F	1359) R	1401) R	1443) R
1234) R	1276) F	1318) R	1360) R	1402) R	1444) F
1235) F	1277) F	1319) F	1361) F	1403) R	1445) R
1236) R	1278) R	1320) R	1362) R	1404) R	1446) R
1237) R	1279) R	1321) F	1363) R	1405) F	1447) R
1238) R	1280) R	1322) R	1364) R	1406) R	1448) R
1239) F	1281) R	1323) R	1365) F	1407) F	1449) F
1240) R	1282) R	1324) R	1366) R	1408) R	1450) R
1241) R	1283) R	1325) F	1367) R	1409) F	1451) R
1242) F	1284) R	1326) F	1368) R	1410) R	1452) R
1243) R	1285) R	1327) R	1369) R	1411) R	1453) F
1244) R	1286) F	1328) R	1370) F	1412) R	1454) R
1245) F	1287) R	1329) R	1371) F	1413) F	1455) R
1246) R	1288) F	1330) R	1372) R	1414) R	1456) R
1247) R	1289) R	1331) R	1373) R	1415) F	1457) F
1248) F	1290) F	1332) F	1374) F	1416) R	1458) R

1459) R	1466) R	1473) R	1480) R	1487) R	1494) F
1460) R	1467) R	1474) R	1481) R	1488) R	1495) R
1461) F	1468) F	1475) R	1482) R	1489) F	1496) R
1462) R	1469) R	1476) R	1483) F	1490) R	1497) F
1463) R	1470) R	1477) F	1484) R	1491) F	1498) R
1464) R	1471) R	1478) R	1485) R	1492) R	1499) F
1465) F	1472) F	1479) R	1486) R	1493) R	1500) R